블랙코미디

전해미 수필집

블랙코미디

전해미 수필집

책을 내며

아파트 화단에 억새가 군락을 이루며 피었습니다. 억새꽃은 아침햇살을 받아 은빛이 더욱 도드라져 눈이 부시도록 황홀했습니다. 어쩜 저리도 맑고 아름다운지. 군락마다 두 팔 벌려 안아주고 싶었지요. 가을은 깊어지고 있는데 내 마음은 초조해졌습니다. 수필을 엮어 출판사에 넘겨야 하는 시간이 나를 옥죄어 오고 있었거든요. 아직 영글지 못한 글을 내놓기가 민망하여 출판을 포기하고도 싶었으나, 더는 미룰 수 없어 결심을 굳혔습니다.

살아오면서 즐겁고 행복했던 기억도 있고 가슴 아픈 기억도 있습니다. 그 또한 내 삶을 지탱하게 한 자양분이자 요소들이기에 기억을 소환하여 글로 엮어서 수필집을 출간합니다. 가는 세월에 희미해지고 사라져가는 기억의 파편을 찾아 글을 쓰다보니 보이지 않게 드러나는 나의 가치관에 대해 생각해 보는 계기도 되었습니다. 오래 묵은 장맛은 깊은 풍미가 있어 감칠맛이 난다고 합니다. 나는 그런 씨간장 같은 글을 쓰고 싶었습니다. 마음처럼 완벽하지 않아 감칠맛을 내는 시간은 더 기다려야 할 것 같습니다. 수필에 당선이 되고 9년이라는 세월은 빠르게 지나갔습니다. 치열했다고 할 수 없어도 고심은 많이 했습니다. 잘 써지지 않는 글을 놓고 싶을 때도 있었지요. 그때마다 곁에서 격려해 주고 응원해 주는 두 분 은사님이 계셨습니다. 수필을 쓸 수 있도록 이끌어주신 수필가이자 소설가이신 최숙미 선생님과 시인이자 소설가이신 박희주 선생님이십니다. 내 인생에서 이 두 분을 만나 삶의 궤도가 바뀌었다고 말할 수 있습니다.

힘든 일이 있을 때도 주저 없이 손을 내밀어 주고, 제가 질환으로 쓰러졌을 때 본인의 아픔처럼 함께 아파했습니다. 다시 한번 감사함을 지면을 통해 전합니다.

구순 어머니께서는 셋째딸 해미가 책을 낸다고 하니 함박같이 웃으시며 장하다고 대견해하셨습니다. 건강을 유지하셔서 제 책이 닳도록 읽어주시기를 소망합니다. 늘 응원해 주는 가족들과 형제간들, 해미 바라기 친구들에게도 고마운 마음을 전합니다. 문학회 활동을 함께하는 문우님들께도 감사한 마음 전합니다.

내 삶의 과정들을 엮은 수필집이 누군가에게 치유가 되고 위로가 된다면 이 책을 엮는 가장 큰 보람이 되겠습니다. 지금보다 더 나은 내가 되기 위해 노력을 멈추지 않도록 채찍과 격려를 부탁드립니다.

2025. 마름달의 억새가 눈이 부신 날에

차례

4   책을 내며

1부
고향

발을 디디면 어머니의 품처럼 포근하고, 편안해지는 곳,
나는 에너지를 채우러 고향으로 간다.

12   별꽃
16   블랙코미디
19   개구리 합창
23   네 여인의 힐링수다
28   타박솔
33   갯벌
38   찔레꽃 향기는 엄마다
43   추억의 맛
47   봄을 캐는 아낙

2부
건강

건강은 자신이 가지고 있는 가장 큰 자산이며,
건강해야 하고 싶은 걸 할 수 있다.

52   불청객

56   검은 구슬방울

60   거북이가 되었다

65   커피의 추억

69   밤송이

73   심곡천의 오월

77   찢겨진 편백나무

81   친구

85   진짜 사나이

3부
자연

자연은 있는 그대로 바라만 보아도 좋고,
자연은 모든 걸 수용하고 포용한다.

- 90 홀로서는 나무
- 96 참새의 비행
- 100 원미산에 산다
- 105 비둘기와 터 싸움
- 109 고독한 왕자
- 113 갈매기
- 116 난(蘭)
- 120 까마귀와 방랑자
- 125 꽃들의 비애(悲哀)

4부

인연

좋은 인연은 삶을 풍요롭게 하고,
함께하는 순간을 소중하게 합니다.

130 니들이 소리 맛을 으찌 알긋냐
135 소소한 일탈
139 할머니도 자전거를 타나요
144 학생 오케스트라
148 乙지대
153 꽃샘바람
157 자갈치 아지매
161 밤손님과 금반지
165 심야버스

해설_박희주(시인·소설가)
170 자아 성찰의 발현

1부

고향

발을 디디면 어머니의 품처럼 포근하고, 편안해지는 곳,
나는 에너지를 채우러 고향으로 간다.

별꽃
블랙코미디
개구리 합창
네 여인의 힐링수다
타박솔
갯벌
찔레꽃 향기는 엄마다
추억의 맛
봄을 캐는 아낙

별꽃

　소금밭 같다. 대문 밖 잡풀 사이에 누군가 소금을 뿌려놓은 듯 하얀 꽃이 수줍게 피어 있다. 작은 꽃 몸이 청초하다. 나는 거인이 된 양 몸을 구부리고 휴대전화의 셔터를 눌렀다. 찍어서 확대해 보았더니 앙증맞다. 사진을 저장하며 이름을 찾는다. 별꽃 이름조차도 사랑스럽다. 행여 누가 밟을세라 다음날도 그다음 날도 안부를 물으며 쪼그리고 앉았다. 원하거나 청하지 않아도 마음이 가는 대로 파수꾼을 자처했다. 작은 꽃들이 옹기종기 모여 피어 있는 정경은 우리 이웃들이 살아가는 모습처럼 보였다.

　날씨도 따뜻하고 겨우내 움츠린 시간을 풀고 싶어 나들이를 나왔다. 수목원은 일찍부터 젊은 엄마들이 아기들을 데리고 나와 꽃을 배경으로 사진을 찍느라 분주했다. 어린이집에서 단체로 소풍을 왔는지 똑같은 맞춤복을 입은 아기들이 이곳저곳을 뛰어다니느라 분주하다. 병아리처럼 뛰어노는 아기들을 보니 이들의 인생도 봄이구나 싶다.

여러 가지 꽃들이 철마다 바뀌어 피는 곳이어서 올 때마다 사람들은 넘쳐났다. 우리는 자주 가던 한적한 곳으로 발걸음을 옮겼다. 볕이 잘 들고 너른 풀밭이 있어 돗자리를 펴고 쉬기에 좋은 곳이다. 돗자리를 펴려는데 별꽃이 바닥에 점점이 박혀 피어 있었다. 고향 집 대문 앞 둑 길을 따라 지천으로 펼쳐있던 별꽃을 이곳에서 보니 반가웠다. 잡풀이 우거진 곳에 낮게 무리를 지어 피어 있는 꽃이지만 엄마의 품처럼 마음의 위로가 되어 준다. 하얀 꽃잎 아래 꽃받침이 다섯 개, 마치 별 모양을 닮아있다. 그래서 별꽃이라 이름 지어졌는지 모른다. 어느 시인이 '오래 보아야 예쁘고 자세히 보아야 사랑스럽다'고 했는데 이 별꽃도 그렇다. 화려하거나 우아하지 않아도 오밀조밀한 모양새가 눈길을 붙잡는다.

형형색색 봄을 밝히는 꽃들에 가려져 눈에 잘 띄지도 않는 하얀 별꽃. 바닥에 바짝 엎드려 조용히 피어 있지만, 제 몫을 다한다. 그 곁으로 하늘빛을 닮은 봄까치꽃도 작은 미소를 띠며 이웃처럼 자리했다. 친구처럼 오손도손 정답게 의지하듯 바닥에 붙어서 피는 두 꽃이 서로 닮았다.

알아주지 않아도, 무수한 발걸음에 뭉개져도, 꿋꿋이 제 소임을 다하며 봄을 빛낼 줄 아는 별꽃처럼. 우리네 인생도 저들과 마찬가지지. 하는 일이 뜻대로 안 된다고, 넘어졌다고 주저앉으면 밑바닥 인생이 되리니, 짓밟혀도 다시 일어나 새로운 꽃을 피워내듯 마음을 다잡고 재도전한다면 이루지 못할 것은 없으리라.

개나리는 가지를 늘어뜨리고 눈이 호사스럽게 개울을 덮었다. 이슬을 머금은 진달래는 홍조 띤 얼굴을 하고 살포시 피어 있다. 꽃망울을 앙다문 철쭉과 연산홍, 몽실한 겹벚꽃은 봄의 교향곡을 울리게 할 것만 같다. 움츠린 가슴이 스르르 풀린다.

성장이 더딘 어린 시절에 작은 키로 인해 교실 맨 앞줄에 앉아 수업을 받았다. 봄날 아지랑이 피는 따스함이 창문으로 쏟아지면 졸음이 몰려왔고 앞자리에서 꾸벅거리며 졸고 있는 우리를 살며시 톡 건드려 주시던 선생님. 눈이 마주쳤을 때의 민망함에 어찌할 바를 몰랐었다. 쉬는 시간이 되자 선생님께서 우리를 부르셨다. 수업 시간에 졸았던 터라 잔뜩 겁을 먹고 주춤주춤 다가가니 손을 내밀어 보라셨다. 손바닥에 매를 가할 줄 알고 조심스레 손을 내밀자, 선생님께서는 책상 위에 놓여있던 알사탕을 집어 슬며시 손에 놓아주셨다. 또래에 비해 작고 여린 내가 안쓰러우셨는지 말없이 사탕을 내어주시던 선생님, 키 큰아이들에게 밀리고 주눅 들어있을 마음을 아셨는지 머리를 쓰다듬어 주시며 용기를 주시던 선생님이셨다.

그해 여름 장마에 운동장 물이 허리까지 차오른 날 운동장을 건너지 못하고 발을 동동거리고 있는데 선생님께서 달려 나오셨다. 꼬마 학생 세 명을 차례로 운동장 밖으로 손수 업어서 하교시켜 주시던 선생님. 나는 지금도 선생님의 넓고 따스했던 등을 잊을 수가 없다. 선생님은 당신의 등을 내어주신 그때의 일을 기억이나 하고 계실까? 선생님이 전근 가신 후로는 소식이 끊어졌다. 그때의 선생님 마음이 별꽃을 바라보는 내 심정과 같지 않았을까. 든든한 기둥처럼 의지가 되어 주신 선생님. 나도 이 별꽃이 제 소임을 다할 때까지 짓밟히지 않도록 선생님처럼 지켜주고 싶다.

며칠 후에 다시 찾은 수목원, 모란이 탐스럽게 피었다. 사람들의 시선을 한 몸에 받아 주인공의 역할이 확실한 모란은 보는 이에게 부귀와 영화를 가져다줄 것만 같다. 귀하게 보이는 모란보다 나는 별꽃이 졌으면 어쩌나 하는 걱정이 앞섰다. 별꽃이 있는 곳으로 달려갔다. 나를 기다리고 있었던 걸까. 드문드문 남아있는 별꽃을 보며 괜한 욕심을 내본다. 누가 알아주지 않아도, 마지막 봄을 채우며 다음을 기약하고 있는 별꽃, 내년에도 낮은 곳에서 제 할 일을 다 하겠지. 별꽃을 닮고 싶다.

블랙코미디

온몸이 불덩이다. 남편은 몸에 오한이 인다며 몸살감기약을 먹더니 자겠다며 침대에 누웠다. 춥다며 겨울 점퍼를 꺼내 입고 전기 매트를 제일 높은 단계로 올리고 솜이불까지 덮었다. 한겨울에도 내복을 꼭 챙겨 입고 다니는지라 유난스럽다 느끼면서 요구하는 대로 해주었다.

코로나19 바이러스가 종식되었다고는 하나, 완전히 사라지지 않고 감기처럼 유행한다고 하니 몸살이 나도 의심하게 되었다. 진단 시약으로 코로나 검사를 하고서야 의심은 거두었다. 감기약을 먹었으나 좀체 열은 내릴 기미가 보이지 않아 혈압을 재보니 182로 나왔다. 남편은 알아듣지도 못하는 앓는 소리를 했다. 땀방울이 이마에 맺히며 간간이 헛소리가 새어 나오곤 했다. 안 되겠다 싶어 앰뷸런스를 불렀다.

입원 준비를 하고 병원으로 가는데 나도 으슬으슬 몸이 떨렸다. 날씨 탓이려니 했다. 휴일이라 응급실엔 대기 환자가 많았다. 침상이 모두 차서 남편은 소파에 앉아 링거를 맞아야 했다. 시간이 지나면서 내 몸도 이상이 왔다. 나도 오한이 느껴지며 뼈마디가 쑤시고 온몸이 저렸다.

남편이 누울 간이침대가 응급실 입구에 비치되고, 간호사가 남편의 상태를 확인하러 왔다. 간호사에게 나의 체온과 혈압도 재어 달라고 부탁했고, 나도 감기 기운으로 보인다며 접수하라고 했다. 남편을 진찰하러 온 의사에게 나도 함께 진료받았다. 응급실 입구의 간이침대에 나란히 누워 링거를 맞았다. 함께 병원 응급실 신세를 지게 된 상황에 헛웃음만 나왔다. 남편은 수액을 맞고 나니 열이 내렸고 혈압도 내리니 농담을 건넸다. 몸이 가뿐하다며 집에 가서 쉬고 싶다고 퇴원을 재촉했다. 수액이 아직 남았으니 다 맞고 가자고 설득했지만, 남편의 고집은 꺾을 수가 없었다.

나는 퇴원하려면 혼자 하라고 심통을 부렸다. 화가 난 남편은 혼자라도 가겠다며 간호사를 불러 퇴원 수속을 해달라며 카드를 내밀었다. 간호사가 아직 링거액이 많이 남았고, 아내분의 수액도 남았으니 모두 맞고 함께 퇴원하는 게 좋을 듯싶다고 했지만, 남편은 버럭 화를 내며 막무가내로 우겨댔다. 하는 수 없이 간호사는 퇴원 수속을 위해 카드를 받았다.

"아내분 것까지 한꺼번에 결제하면 되죠?"

"아니요. 내 것만 결제를 해주시오. 저 사람은 따로 받아서 결제받도록 하시오."

간호사는 당황했고 얼굴에는 황당함을 감추지 못했다.
"두 분이 부부가 아닌가요?"
"부부 맞아요."
내 대답에 간호사는 더 어이없어했다. 나를 안쓰러운 눈으로 바라보다가 귓속말을 했다.
"사시는 동안 마음고생이 정말 많으셨을 것 같아요. 성격이 강해 감당하기 힘드네요."
간호사는 고개를 절레절레 흔들며 갔다. 남편은 본인 것만 결제하고 혼자서 퇴원했고, 나는 수액을 다 맞고 내 카드로 결제하고 귀가했다. 병원 갈 때는 같이 갔는데 집으로 돌아올 때는 따로따로 오는 상황이 블랙코미디 같았다. 우리 부부는 여태 살아오는 동안에 블랙코미디 같은 상황이 자주 있어 이제는 그러려니 하고 살아간다. 굳이 남편의 성격도 고쳐주길 바라지 않고 인정해 주고 만다. 비껴가는 삶을 사는 게 더 편안하다는 걸 깨달았기 때문이다. 남들이 보면 이해되지 않는 삶의 방식이다. 우리 부부에게는 익숙해서 불편하지 않다는 게 더 아이러니하지만, 세월이 가니 포기해지는 것도 있고 이해되는 것도 있어 우리 방식으로 맞춰가며 살고 있다.
이제는 서로 아프지 말고 살아갔으면 싶다. 안쓰러워지고 짠해지는 마음이 드는 걸 보면 미운 정도 고운 정도 버무려져 얽혀 있는 정으로 사는 삶이지 싶다.

개구리 합창

 파란 하늘을 품에 안고 달렸다. 설레는 마음은 고향으로 향한다. 내가 자란 마을 펜션에서 동창회가 열렸다. 출발할 때는 티 없이 맑은 하늘이었는데 고향에 들어서니 보슬비가 우릴 반긴다. 그래도 좋았다. 전쟁터 같은 삶에서 잠시 벗어나 어릴 적 친구를 만날 수 있어.

 사십 년을 지난 세월, 서로의 모습은 변했지만, 유년의 기억을 더듬으며 개구쟁이들이 되어간다. 내리던 보슬비는 이내 그쳤다. 촉촉한 습기가 더위를 몰아냈는지 덥지도 않고 선선했다. 밖에다 식탁을 차려도 좋을 것 같아 넓은 잔디 위에 테이블을 놓았다. 만남이 기쁜 건 갈망해서다. 속속 모여드는 친구마다 서로 얼싸안고 반기며 걸쭉한 사투리들이 자연스레 튀어나왔다. 투박스러운 사투리들도 이들의 입을 통해서는 정겹다.
 한바탕 소란한 환영식이 끝나고, 살아온 이야기 보따리가 풀어 헤쳐진다. 얼마 전에 부친을 여읜 친구는 어려울 때 함께해준 친구들에게 감사한 마음을 전한다. 막막한 상황에 찾아와 위로와 도움을 준 우정의 소중함을 깨달았다며 울먹이기도 했다. 또 모인 친구들을 위해 음식을 장만하고 장소를 섭외하느라 힘들지만, 본인의 작은 수고가 친구들 만남에 기쁨이 되고 행복이 되어 기쁘다며 총무는 감사의 인사를 했다.

대기업에 부품을 납품하던 친구는 IMF를 맞아 외국계 회사에 기업이 넘어가면서 부품의 판로가 막혔단다. 일순간에 무너지는 아픔을 겪고, 삶을 포기하고자 했을 때, 곁에서 위로하는 가족이 있어 힘을 낼 수 있었단다. 가정을 세우고 일으키느라 친구를 찾아볼 여유가 없었다고 했다. 안정을 찾고 나니 친구들이 그립고 궁금하여 동창회에 나왔다며, 반가움에 눈시울 붉히며 울먹였다. 그 친구의 이야기를 들으며 우리도, 비슷한 삶을 살아왔던 바라 공감이 갔다.

우리는 위로와 격려가 담긴 박수를 보내고, 맞잡은 두 손에는 따듯한 정이 흘렀다. 이 순간만큼은 즐겁고 행복해 보였다. 키가 작아 나와 함께 앞줄에 앉았던 단짝 친구는 여전히 작은 체구를 유지하고 있었다. 지난 세월이 비켜 가기나 한 것처럼 예전의 모습 그대로였다. 그 시절의 짝꿍인 우리는 여기서도 짝꿍이 되었다.

술이 얼큰하게 오르자 "보고 지고, 보고 지고, 한양 낭군, 보고 지고…" 춘향가 쑥대머리 한 대목을 걸쭉하게 읊어내는 친구는 흥을 고취했다. 소리의 고장답게 진도 아리랑 가락에 "얼쑤 좋~다!" 추임새로 화답하는 친구들 얼굴에도 흥이 가득하다. 시간이 더해감에 따라 음담에도 맞장구로 응대하면서, 이야기에 이야기가 보태져 밤이 짙어가는 줄도 모르고 이야기꽃을 피웠다.

　어릴 적 콧구멍에 두 줄기의 누런 코를 달고 살던 친구가 왔다. 부스스한 더벅머리, 세수를 하지 않아 늘 땟물이 얼굴에 가득했던 친구였다. 일이 늦게 끝나 이제야 도착했다며, 제법 말끔한 차림으로 어엿한 중소기업 사장님이 되어 나타났다. 기억 저 밑바닥에 그 친구의 옛 모습이 그려져 피식 웃음이 났다. 그 친구에 대한 기억을 왈짜 같은 다른 친구에 의해 적나라하게 공개되었다. 혹여, 상처라도 받았을까 싶어 조심스레 건네는 위로의 한마디에, 그렇게라도 나를 기억해 주는 친구가 있어 반갑다며 오히려 호탕하게 너스레를 떤다. 펜션 앞 들녘에서는 개구리가 요란스레 울어댄다. 짝을 찾는 건지, 우리의 이야기 소리에 끼고 싶은 건지, 그 소리마저 고향의 품이라 정겨웠다.
　한두 잔 마신 술이 알딸딸해졌다. 술을 깨고 싶어서 왁자지껄한 소리를 뒤로하고 논길을 걸었다. 풀벌레 소리가 쓰르르 쓰르… 소리를 내더니, 내 발걸음에 소리를 멈춘다. 위협적으로 느껴졌을까, 괜히 미안해져 조심스럽게 걸었다. 요란스럽게 경쟁하

듯 울어대던 개구리도 지쳤는지 간간이 들릴 뿐 조용해졌다.
  풀잎이 밤이슬에 맺혀있다 건드리니 내 발까지 적셨다. 그 감촉마저 좋았다. 비가 내린 탓에 밤하늘의 별들은 구름 속으로 숨었고, 까만 어둠이 오히려 시골의 정취를 살려서 좋았다. 도시의 네온 불빛을 여기서는 구경조차 할 수 없어 온전히 나 혼자만의 시간이 된 듯하다. 간간이 들리는 개 짖는 소리는 풀벌레 소리와 함께 고향의 소리로 가슴에 차곡차곡 저장되었다.

  멀리서 나를 찾는 소리가 들린다. 고향 냄새를 즐기고 싶어 살짝 나왔는데 내가 없어져서 찾고 난리가 난 모양이다. 술들이 얼큰하게 취해서 모를 줄 알았는데 사라진 나를 찾느라 한바탕 소동이 일었다. 급히 달려가니 잃었던 형제를 만난 듯이 기꺼워한다. 이것이 사십 년의 세월을 건너뛰고서도 어릴 적 정이 남아있는 게다.
  친구들에게 걱정을 끼친 게 미안하여 술 한 잔을 따르며 "위하여!"를 외친다. 술도 달고 친구들도 달다. 시간이 멈추어도 좋겠다. 이 시간이 지나면 치열한 일상으로 돌아가야 하지만 오늘만큼은 즐겁고 행복하다. 까만 밤이 하얘지도록 술잔을 부딪치고 마주해보자. 이것이 우정이다.

네 여인의 힐링수다

일상의 표정이 일그러졌다. 삶에 지쳐 입도 닫았다. 상황을 벗어나고 싶지만 먹고 사는 일이 쉽지 않다. 얼굴에서 웃음기가 사라진 지 오래되었고, 초점 없는 무심한 눈동자는 생활까지 의미 없는 날로 변하게 했다. 이렇게 지친 내 몸과 마음에 대한 작은 위안을 위해 길을 나섰다. 중학생 아들의 엄마 없는 시간이 조금은 걱정이 되지만 나를 충전하기 위해 힐링 캠프에 합류하기로 했다.

간큰녀, 걱정녀, 예민녀, 태평녀. 네 여인은 힐링 길에 오른다. 기차를 타고 달리는 창밖 풍경들은 알프스의 산맥을 지나는 듯 산과 들이 온통 녹음으로 가득하다. 오랜만에 타는 기차라 마음은 살짝 들떠있다. 자리를 찾아 앉으면서 시작된 네 여인의 수다는 일상을 벗어났다는 기쁨의 포효처럼 보였다. 평일이라 사람이 많지 않은 게 그나마 다행이었다. 주위의 시선을 느끼면서도 소곤대기를 멈추지 않았다. 모처럼의 나들이라 주위의 방해쯤은 눈감아 넘기기로 했다. 스치고 지나가는 풍경에 곁들인 수다는 마음의 응어리도 서서히 녹아내렸다. 여행의 들뜬 기분을 가라앉히기도 전에 목적지에 도착했다.

간큰녀는 동생에게 빌린 외제 차를 손수 운전하여 여행하기로 했다. 초보 꼬리표를 뗀 지 얼마 되지 않아 걱정이 앞서지만, 그래도 무리하지 않으면 되겠지 싶었다. 하지만 위기는 바로 닥쳤다. 외제 차 운전은 처음이라 시동을 어떻게 거는 것인지, 기어는 또 어떻게 넣는지 허둥거린다. 아무 버튼이나 눌러 확인을 해보지만, 좀체 알 수가 없다. 애꿎은 와이퍼만 허공에서 춤을 춘다.

네 여인은 당황하기 시작했다. 외제 차의 사용설명서를 미리 습득하지 못한 겁 없는 간큰녀, 자동차 시동조차 켜지 못하는 사람에게 운전을 맡기고 여행 다닐 생각에 미리 걱정스러운 걱정녀, 어떤 상황이 되었든 호들갑스럽고 겁이 많은 예민녀, 예민녀는 출발도 하기 전부터 오금이 저리고 가슴이 두근대기 시작했다. 주위 상황은 아랑곳없이 자신의 취향에 따라 노래를 흥얼거리는 태평녀, 그녀만이 어떻게 되겠지, 하고 천하태평이다.

겨우 시동을 걸고 나니 이제는 에어컨이 말썽이다. 시동을 걸기 위해 이것저것 버튼을 마구 눌러 놓은 탓에 에어컨이 아닌 히터로 옮겨간 것이다. 30도가 넘는 무더운 날씨인 데다 히터까지 더하니 그야말로 차 안은 한증막이나 다름없다. 예민녀와 걱정녀는 못마땅한지 연신 투덜대며 수다에 짜증을 가득 담았다.

우여곡절 끝에 차가 시원해지고서야 출발했다. 간큰녀는 걱정이 없어 보인다. 뭔가 믿는 구석이 있는 모양이지만 세 여인은 알 길이 없다. 긴장으로 가득해진 예민녀와 걱정녀의 얼굴은 하얗다 못해 파래져서 수다도 멈췄다. 기차에서 들떴던 마음도 사라졌고, 초보운전자를 따라 여행해야 할지, 아님 멈춰야 할지 속으로 걱정하느라, 예민해져 바깥 풍경은 눈에 들어오지도 않는다. 신호에 걸리면 운전자와 같이 허벅지가 터지도록 발판에 브레이크를 밟는다. 그 와중에도 태평녀는 이어폰을 끼고 클래식 음악을 들으며 꿀잠을 자는 듯싶다. 몸이 기울면 잠깐씩 눈을 뜨고 다시 잠에 빠져드는지 자울자울거린다.

두 여인의 긴장은 계속됐다. 이번엔 네비게이션이 말썽이다. 초보운전자가 네비게이션을 보면서 운전하기가 서툴러 걱정녀의 수동 안내를 받으며 운전한다. 그나마 다행인 것은 간큰녀가 지리에 익숙해서 이정표를 보면서 찾아갈 수 있다는 거다. 이미 초보인 것이 알려진 터라 뒤에 탄 두 여인은 안중에도 없이 간큰녀는 콧노래까지 부르며 가속도를 높인다. 여행을 계획하면서 그동안 열심히 운전 연습을 해왔던 데다 아는 길이라 여유로웠던 게다. 다만 새로운 외제 차의 작동법만 몰랐을 뿐이다. 그런 속사정을 모르는 세 여인은 가슴을 졸일 수밖에 없고, 긴장감 속에서 순천만에 도착하기만 고대하고 있다.

순천만이다. 꼬막 정식으로 만찬을 시켜놓고 걱정녀는 안전운전을 하게 해 달라고 통성기도를 한다. 예민녀도 걱정녀를 따라 간절한 마음을 보태어 기도 중이다. 초보운전자인 간큰녀는 걱정하지 말라며 큰소리에 여유만만이다. 수다 여들은 순천만의 짙푸른 갈대의 인사를 받고서야 제 모습을 찾는다. 갈대의 뿌리가 박힌 갯벌에 작은 구멍들이 숭숭 뚫려있다. 그 작은 구멍에서 한쪽 팔에 붉은 대포를 달고 나온 농게들이 구멍을 들락거리며 열심히 먹이 활동을 한다.

수다 여들은 여기서도 어김없이 진가를 발휘했다. 작은 소리에도 민감하게 반응하고 행동도 민첩한 농게들, 순식간에 갯벌 속 구멍으로 사라지는 그들에게 폭풍 수다를 늘어놓고 감탄사를 연발한다. 놀란 게들은 구멍 속으로 사라졌다가 네 여인의 수다가 멈추면 다시 나타났다. 그 모습도 신기해하며 연신 어머! 어머! 감탄사를 수다스럽게 울리며 게들을 관찰하느라 갯벌에서 눈을 떼지 못한다. 게들의 춤사위와 먹이다툼은 네 여인의 수다를 절정으로 인도하고, 갈대는 바람의 지휘에 맞춰 서걱대는 이중주를 연주한다. 네 여인의 소녀 감성과 흥도 함께 곁들여졌다. 음악회의 주인공들처럼.

바다 위에 있는 돛단배처럼 갈대의 파도는 네 여인을 휘감는다. 무더위를 한 방에 날려버린 바람의 수다를 향해 여인들은 마음도 내어주고 만다. 바람의 속삭임에 눈동자가 풀려버린 여인들, 흐느적거리는 모습은 게의 춤사위를 닮았다. 삶에 지쳐 힘겹고 고단했던 순간들을 순천만 갈대 바람의 수다를 통해서 해방을 맛보는 중이다. 이 순간 초보운전자에 대한 걱정도 문제 될 게 없다.

사는 게 지치거나 힘이 들 때 여행하면서 응어리를 풀어내도 좋다. 마음이 통하는 사람과 함께라면 더욱 좋겠지만 혼자라도 여유를 갖는다는 것은 내일을 살아내는 밑바탕이 될 터이니.

낙안읍성으로 향하면서 네 여인의 수다가 이어졌다. 간큰녀의 운전에 조금씩 안심이 되어 가는지 제법 여유로워진 농담을 하며 맞장구도 치는 모습이다. 초가집의 소박함이 과거로 되돌아가는 시간여행을 돕는다. 절구질과 물레방앗간에 발을 디디면서 시범을 보이며 네 여인의 깔깔수다는 이어졌다. 여행이 주는 마음의 여유로움이지 싶다. 수다를 통한 마음의 피로도 풀어내는 중이다. 도시의 삭막하고 고단한 삶을 공기 좋은 곳에서 휴식으로 보상받는다면 이 또한 여행의 중요한 목적일 테지.

네 여인은 긴장된 하루의 여장을 풀고 여행지에서의 힐링을 수다로 마무리한다. 남겨진 가족에게 미안하지만 떠나지 않았다면 맛보지 못할 힐링을 과감히 결행한 자신을 응원하고 있다. 자연에서의 휴식은 꿀맛이다. 네 여인의 수다와 함께 새로운 에너지가 몸 안 가득 머문다. 활력을 가득 채워 가족의 품으로 돌아갈 채비를 한다. 내일의 삶을 알차게 살아내야 하는 포부를 안고.

타박솔

낯선 이방인이 된 듯하다. 내가 태어나고 자란 곳이건만 지금 이방인의 모습으로 서 있다. 어릴 적 뛰어놀던 우물가는 그대로다. 둥글고 깊었던 우물은 이젠 사용하지 않아 주위에 풀이 무성하게 자라고 우물의 뚜껑도 덮여 있다. 동네 아이들로 북적이던 운동장 같은 공터는 아이들도 없고 초라해져 공허한 터가 되어 있다. 어릴 적 추억이 쪼그라든 느낌이다.

언니와 함께 고향으로 내려왔다. 큰 수술을 하고 면역 증진을 위해 공기 좋은 곳에서 요양하기 위해서다. 언니는 태어나고 자란 옛집을 찾아가 보고 싶어 했다. 혼자서는 용기가 나지 않는다고 하여 함께 나섰다. 마지막 고향 방문이 될지도 모르는 언니의 마음을 헤아려 동행을 자처했지만 나도 내심 가보고 싶었다. 마을에 들어서니 입구부터 변해 있었다. 내가 자라던 때의 모습이 아니어서 낯설었고, 고속도로가 생겨 마을 입구도 동남쪽에서 서쪽으로 바뀌어 있었다.

우리가 다니던 등하굣길은 옛길로 바뀌어 사람의 왕래는 거의 없었다. 예전의 추억을 찾는 사람만 간간이 이용한다고 마을 어귀에서 만난 동네 어르신이 일러주셨다. 들길을 경운기가 털털거리며 달리던 모습이 눈에 선하다. 부잣집만 있던 경운기는 그 시절 교통수단으로 한몫을 단단히 했다. 어쩌다 털털거리는 경운기를 얻어 타는 행운이 생기면 엉덩이가 아파도 신바람이 났다. 그나마 경운기를 얻어 타지 못하면 오리나 되는 거리를 걸어서 가야 했기에 그런 날은 운수가 좋은 날이었다.

경운기가 오가던 길을 따라 걸어보기로 했다. 친구들은 그 시절을 어떻게 기억하고 있을까? 모든 게 부족한 생활이었지만 마음만은 행복했던 유년이었다. 하굣길에 다리가 아프면 쉬어가던 잔디 언덕이 있었다. 따스한 봄볕을 쬐며 재잘거리기도 하고, 동화 『엄마 없는 하늘 아래』를 함께 읽으며 슬프고 안타까워 펑펑 울었던 기억도 났다. 눈이 퉁퉁 부은 얼굴을 마주하고 멋쩍어하던 우리는 금세 깔깔거리며 이 길을 걸었었지.

마을 어귀에 오래된 당산나무 다복솔은 오일장을 걸어서 다녀오던 마을 사람들이 땀을 식히며 쉬어가는 장소였다. 쉬면서 이러저러한 마을 소식을 들을 수도 있었고, 동네 돌아가는 사정도 알 수 있는 사랑방 같은 곳이었다. 마을 어귀마다 한 그루씩

있는 정자나무는 느티나무나 팽나무지만, 우리 마을은 유일하게 다복솔이 정자나무였다. 다복솔은 시골 어르신들의 억센 사투리에 걸려 '타박솔'로 불리었다. 다복솔은 우리 자매에게는 특별한 장소였다.

근처에 우리 논이 있어 아버지께서는 특용작물로 토마토와 수박 참외 등을 재배하셨다. 수확할 시기가 되면 우리가 원두막을 지켰고, 부모님의 일손을 보태며 우리 집이 잘살게 되기를 간절히 바랐다. 종일토록 원두막을 지키다 지루해지면 다복솔까지 달려갔다가 되돌아오는 내기를 하였다. 물론 언니의 승리로 끝났지만 내기에 진 나는 심술을 부리며 다복솔 밑에 가서 낮잠을 자면서 언니를 애태우기도 했다. 추억이 깃든 나무를 보니 옛 시절이 그리웠다. 다복솔에 올라앉아 잠시 쉬어가기로 했다.

바람이 솔향을 코끝으로 실어 왔다. 솔바람에 송골송골 맺힌 땀도 식어가고, 은은한 솔향에 머리도 상쾌해졌다. 시간 가는 줄 모르고 도란거리다 개미에게 물리고서야 자리를 털고 일어섰다. 소나무는 자신을 보호하기 위한 송진을 자연스럽게 분비하여 상처를 치유한다고 한다. 오랜 세월 모진 풍파를 견뎌내야 했을 다복솔에도 송진이 나무의 결을 따라 하얗게 눈물처럼 고였다. 우리의 다복솔이 송진으로 상처 곳곳을 치유하며 더 오랜 세월 견뎌주었으면 싶다.

마을 사람들의 사연을 가슴에 품고 칠백 년을 견딘 소나무, 이곳으로 지나는 사람들이 드물다 보니 쉬어가던 정자의 기능도 잃고 다복솔의 관리도 소홀한 듯싶었다. 다복솔의 아픔이 언니의 아픔과 덧대어져 마음이 짠했다. 다복솔이 우리 마을의 지킴인데 조금 더 신경을 썼으면 하는 바람을 남겨두고 마을로 들어갔다.

 내가 나고 자란 곳을 들러보았다. 초가집이었던 자리엔 감자와 고추밭으로 변해 있었다. 그래도 창고였던 자리는 아직 흔적이 남아있었고, 돌담에는 담쟁이가 세력을 늘리느라 고개를 부지런히 내밀고 있었다. 봄에 새싹이 돋아나면 연초록 벽을 선사했고, 여름이면 무성한 잎을 피워내어 돌담이 담쟁이넝쿨로 가득 찼다. 가을이면 알록달록하게 단풍이 들어 운치가 있었고, 겨울이면 줄기만이 돌담을 끌어안고 겨울잠을 자듯 봄을 준비하는 모습이 대견하기까지 했다.
 "어머나! 이 담쟁이는 그대로네."
 언니와 나는 담쟁이가 반가워서 소리쳤다. 사십여 년의 세월을 견뎌준 담쟁이. 그대로 그 자리에 있어 준 담쟁이가 고마웠고, 동기간처럼 우리를 기억하고 반겨주는 듯싶어 더욱 반가웠다. 유일하게 남은 흔적이라 마음도 울컥해졌다.
 오랜 세월이 지난 탓에 가물가물해진 기억을 더듬으며 이웃에 사시던 아저씨를 찾아갔다. 살아는 계실까? 아저씨는 우리를 못 알아보셨고 우리 또한 아저씨의 젊은 모습에 기억이 머물러 있어 세월의 더께가 있는 모습을 알아보기 힘들었다. 말투와 목소리를 듣고서야 아저씨임을 알았다. 살아계셔서 반갑다고, 잊지 않고 찾아줘서 고맙다고, 두 손을 맞잡고 주름진 이마를 활짝 펴시는 모습에 코끝이 찡해왔다. 서로의 안부를 묻고 그 시절 얘기를 하면서 손수 농사지으셨다는 돼지감자 차를 우려내 오셨다. 구수한 차 맛이 아저씨의 마음같이 입안에 오래 머물렀다.

이웃 아주머니를 불러보았으나 대답이 없었다. 그분은 이미 돌아가시고 새로운 분이 이사를 와서 살고 계셨다. 세월의 무상함을 느끼는 아득한 순간이었다. 우리 자신이 중년인데 그분들이 어찌 살아 계시기를 바라는가. 되돌아오는 발걸음이 무거웠다.

젊은이가 떠난 고향은 연세 많은 어르신만 남아 농사짓기도 버거워 보였다. 고향의 어르신들마저 돌아가시면 늙은 타박솔만이 고향을 지킬듯하다. 고향은 점점 늙어가고 추억도 빛바래져가지만, 아픈 언니의 표정은 한결 밝아졌다. 고향의 타박솔을 본 것만으로 언니의 병이 치유되기를 바란다면 과한 소원일까.

갯벌

신선한 공기가 나의 폐부 깊숙이 들어와 요동을 친다. 요양차 고향에 내려서니 몸이 먼저 반응한다. 꼬막으로 유명한 벌교라는 작은 읍이다. 자연환경이 잘 보존된 청정지역이라 펄 속에 사는 다양한 생명체가 살아가는 천혜의 땅, 지명보다는 꼬막이라는 생물로 더 유명해진 곳이다. 벌교는 포근한 안식처로 나의 유년 시절의 그리움이 탱글탱글 엉글어 있는 곳이다.

비릿하고 찐한 내음이 갯가의 바람에 실려 온몸을 휘감는다. 고향 냄새이자 엄마의 포근한 품속 냄새이다. 드넓은 뻘밭이 펼쳐지는 곳에 갯가를 따라 바닷물이 들고 난다. 뻘밭을 보호하기라도 하듯 갈대가 양옆으로 줄지어 우거져 있다. 엄마의 젖가슴 같은 보드라운 진흙의 손맛은 갈대의 정화작용 속에 살아 숨 쉬는 바다가 된다.

조석으로 들고나는 바닷물이 궁금하여 물이 드는 포구에 눈길을 주었다. 작은 생명체들이 바쁘게 움직인다. 물이 들 때는 펄 속에 숨어 있다가 물이 빠지면 호흡과 먹이를 찾아 밖으로 나오는 짱뚱어다. 아직 어린 새끼들이지만 재빠른 몸놀림으로 주위 환경을 살피면서 천적으로부터 자신을 보호하기 위해 애를 쓴다. 귀를 쫑긋 세우고 고개를 이리저리 갸웃거리며 방어 태세를 갖춘다. 작은 소리에도 즉각 반응한다. 빠르기는 어찌나 빠른지 눈 깜짝할 사이에 사라지곤 한다. 갯벌이나 작은 바위틈에 숨어 있다가 잠잠해지면 순간 이동해 나타난다. 저들의 긴박한 숨바꼭질을 지켜보는 나의 눈동자도 쉴 새 없이 바쁘게 굴려본다.

짱뚱어의 등에 난 지느러미는 위험을 느낄 때 상대에게 몸집을 부풀려 위협하기 위해 펼쳐진다. 그 작은 몸집에 촉수 같은 지느러미를 펴고 나를 향해 위협을 하며 덤빌 자세를 취한다. 보고 있자니 귀엽기도 하고 가소롭기도 하지만 행여 도망이라도 갈까 싶어 위협을 그대로 받아들였다. 작은 생명의 자기 보호 본능이다.

또 다른 생명 칠게는 번개처럼 순간 이동하여 움직이고 눈치 빠르기를 자랑하듯 경계하는 것도 게을리하지 않는다. 펄에서 나올 때는 먼저 눈자루라는 촉수를 세워 안전 여부를 살핀다. 그런 다음 안전하다고 느껴지면 갯벌 위로 나와 양쪽에 솟아 있는 집게로 연신 펄을 쪼아 입으로 가져간다. 펄을 먹는 게 아니라 펄 속에 있는 플랑크톤이나 작은 유기물을 먹는 거다. 마치

양손을 번갈아 능숙하게 사용하는 사람이 밥을 먹는 모습과 흡사하다.

어릴 적 형제가 많은 우리 집은 어쩌다 맛있는 음식이나 반찬이 밥상에 오를 때면 눈치작전은 극에 달했다. 아버지께서 수저 들기를 기다렸다가 드는 순간 누가 먼저랄 것도 없이 형제들의 젓가락은 행여 뒤질세라 맛있는 반찬에 한꺼번에 몰려들었다. 순식간에 반찬은 누구의 입으로 들어갔는지 모르게 사라지고 한 숟가락이라도 더 먹기 위한 경쟁은 배가 부르기 전이나 반찬이 비워질 때까지 치열했다.

욕심쟁이 동생은 한 손에 숟가락을 다른 한 손은 젓가락을 쥐고 양손으로 밥과 반찬을 가져다 먹었고, 양손잡이가 가능한 동생의 밥 먹는 속도는 혀를 내두르게 할 정도였다. 밥 먹기 시작해서 우리가 두어 숟가락을 채 뜨기도 전에 한 그릇을 뚝딱 비우고 밥상머리에서 일어서는 동생이 내 발치 칠게의 모습과 너무 닮아 웃음이 났다. 얼마나 급하면 양쪽의 집게로 연신 퍼 나르는 것일까. 동생처럼 먹이를 빼앗기는 것도 아닐진대, 갯벌에서 사는 생명이 살아가는 생존법일 테지만 동생의 모습과 흡사해 욕심스러워 보였다.

포구를 따라 바람이 살랑대며 불어온다. 갯벌에 뿌리를 박고 갈대들은 서로의 몸을 기대며 바람의 흔들림에 몸을 맡긴다. 가

늘고 연약한 몸이지만 쓰러질지언정 부러지는 경우는 드물다. 갈대가 울면서 서로를 의지할 때 갯벌의 생명력은 더 강해진다. 아기의 포동포동한 엉덩이 살 같이 몽글몽글한 펄은 꼬막을 키우는 어미의 품인 것이다. 그 어미의 품에서 꼬막은 생명을 유지하고 또 다른 생명을 잉태하기도 한다. 꼬막은 펄 속의 유기물을 먹고 자란다. 유기물은 꼬막의 자양분이 되고 꼬막의 분비물은 또 다른 생명의 자양분으로 갯벌이 순환 유지되는 것이다.

펄 속에서 자라는 꼬막을 캐기 위해서는 '뻘배'라는 널빤지로 만든 배를 타고 가야 한다. 한쪽 다리로 밀어내면서 움직이는 원시적인 배이지만, 갯벌에서의 이동 수단은 단연코 최고이다. 꼬막을 캐는 데는 요령이 있다. 뻘배를 타고 바다 쪽으로 나가 갈퀴처럼 생긴 '때'로 바닥을 훑어서 진흙을 탈탈 털면 꼬막만 남아 소쿠리에 담아낸다. 진흙밭이라 여간 힘이 드는 게 아니다. 아낙들은 한평생 꼬막을 캐서 자식들 공부시키고 뒷바라지한다. 아낙의 굽어진 허리는 꼬막 인생을 대변하고 찰진 진흙은 아낙들의 피부를 바닷바람으로부터 보호한다.

갯벌에의 짓이겨진 고생을 보상하듯 꼬막은 영양학적으로도 우수하다. 양질의 단백질과 비타민, 필수아미노산이 많다. 성장 발육을 돕고 철분과 무기질도 풍부하여 빈혈에도 도움을 준다. 타우린과 베타인 성분은 숙취 해소에 간을 보호하는 효과까지 있다고 하니 꼬막을 키우는 갯벌의 중요함은 더 열거하지 않아도 되겠다.

잘 삶아진 꼬막은 쫄깃쫄깃하게 씹히면서 감칠맛이 더해져 맛이 일품이다. 조수간만의 차가 큰 이곳 순천만과 고흥의 여자만으로 이어져 있는 벌교의 갯벌은 보드랍고 고운 퇴적물로 이루어져 펄에서 살아가는 짱뚱어와 맛조개, 꼬막, 칠게 등이 서식하기에 더할 나위 없는 환경을 제공한다. 람사르협약에서 지정한 국제 습지 조약에서 습지 보호구역으로 지정한 청정한 갯벌은 보존 가치가 높은 곳이다.

자연이 살아있는 이곳에 내려오니 아픔까지 싹 가시는 느낌이다. 비릿한 내음의 갯바람은 내 몸의 독소까지 씻어내어 잠자는 세포까지 흔들어 깨워놓는 신선함이 가득한 이곳. 갯벌이 주는 청정함을 나는 감히 거부할 수 없다. 푸른 하늘은 구름조차 범접하기 어려워 보이고, 햇볕이 따스하게 내리쬐면 나는 갯벌을 향해 두 팔을 양껏 벌려 갈대 바람을 맞는다. 내 인생에 고난도 거뜬히 넘을 탱탱한 충전을 하는 중이다.

찔레꽃 향기는 엄마다

도랑 가에서 엄마 내음이 난다. 낮은 언덕 같은 산줄기에 어릴 적 추억이 자리하고 있다. 찔레꽃이다. 하얀 얼굴도 곱지만, 작은 꽃 몸에서 품어 나오는 향기는 귀한 자태를 뽐내는 여느 꽃보다 진한 향을 내놓는다. 이끼 낀 도랑마저 찔레 향이 스며들어 격이 되살아났다. 가던 길을 멈추고 찔레의 내음에 숨을 들이마신다. 맡고 또 맡아도 좋다. 엄마 냄새가 살 속으로 스며들면 나와 한 몸이 된다.

봄은 왔는데 코로나19와 미세먼지의 환경에 갇혀있는 나날이 답답해 친구와 집에서 가까운 산으로 등산 갔다. 발아래에 펼쳐진 푸른 숲과 신선한 공기는 머릿속을 말끔히 씻어주고 몸속의 생기까지 불어넣어 주었다. 산을 찾은 이유로 충분했다. 정상에서 내려다본 도시는 아파트가 군집을 이루고 집들 사이로 군데군데 고층 빌딩이 불쑥 솟아 무질서해 보였다. 내가 사는 곳을 찾아 눈동자를 굴려본다.

비가 온 뒤라 미세먼지가 조금은 비에 쓸렸는지 날씨도 화창하고, 시야도 맑아 희미하게나마 서울의 남산타워와 63빌딩도 보였다. 흔치 않은 광경이라 여기저기서 환호와 탄성이 나온다. 우리처럼 갇혀있던 생활이 무료했는지 거리 두기를 하고 있음에도, 사람들이 많은 게 흠이라면 흠이었다. 가슴까지 뻥 뚫린 기분을 만끽하느라 심호흡을 하는데 한 무리의 사람들이 왁자하게 몰려왔다. 마스크 쓰기가 의무화되었지만, 오르막길을 오르다 보니 숨이 차는지, 마스크를 벗고 긴 호흡을 하는 사람들이 더러 있었다. 우리는 그들을 피해 한적한 길을 택해 조용히 내려갔다.

땀을 흘려서일까 적당히 차가운 바람이 맨살로 파고드는 개운함이 나쁘지 않았다. 평지에 다다르니 베르네천이란 푯말이 보이고 산줄기를 따라 도랑물이 흐르고 있었다. 시원한 물줄기가 시끌벅적한 정상의 상황을 잊게 해주어 후련하기까지 했다. 이틀간 내린 비가 여지를 주었음인지 도랑 가의 물은 제법 불어나 있었다. 녹음이 더해가는 잡풀들이 물줄기의 기운을 돋우어 힘차 보인다. 세찬 물줄기는 생동감이 더해져 바라보는 나의 기운도 덩달아 솟는다.

양말을 벗고 흐르는 물에 발을 담갔다. 냉기가 발을 타고 온몸으로 짜릿하게 전해왔다. 발이 시리다 못해 등줄기까지 오싹하게 만들었다. 그래도 기분은 상쾌했다. 여름 햇살을 흉내 낸 봄볕이라 따갑게 내리쬐던 차에 도랑물의 청량함에 잠시 여유도 가져본다. 물줄기를 발로 차면서 발이 얼얼해질 때까지 여운을 맛본다. 찰찰 거리는 물소리도 듣기 좋고, 발가락에 닿는 보드라운 물의 감촉도 좋아 계속 머물고 싶었다. 도랑에서 개천으로 이어진 물줄기를 따라, 찔레가 바위틈에 무더기로 꽃을 피우고 새 줄기를 올렸다. 흐드러진 찔레의 가지가 물수제비를 뜨듯 흐르는 도랑물을 찬다. 아니 물줄기가 찔레를 흔들어댔다. 자연의 소생을 반기듯이.

때늦은 개나리가 노란 꽃잎을 군데군데 미련처럼 남겨두고 초록 옷으로 갈아입었다. 늘어진 개나리 줄기의 파릇함이 봄의 색을 더하고 찔레의 은은한 향도 코를 자극하며 발길을 붙잡았다. 개천 옆 밭이랑에는 새로 심은 고추 모종이 지지대에 기대어 가지런히 자라고 있다. 잡풀 하나 없이 깨끗이 매어진 이랑을 보니 주인의 품성이 느껴진다.

엄마를 따라 밭에 김을 매러 갔다가 전날에 내린 비에 잡풀들이 무성히 자란 걸 보면서 언제 다 매나 하고 게으른 생각으로 투덜거렸다. 그런 나를 바라보시던 엄마는 "눈은 게으르고 손과 발은 부지런한 법이다." 하시었다. 엄마의 말씀대로 손과 발을 부지런히 움직이니 금세 풀은 다 매고 말끔해진 밭이랑을 볼 땐 마음이 개운해짐을 느꼈었다. 바구니에 저녁 찬거리를 담아 내려오던 길 언덕에 찔레꽃이 웃음 띤 얼굴로 눈길을 사로잡았다. 코끝에 맴도는 향에 취해 엄마의 모습이 보이지 않을 때까지, 그 자리를 떠나지 못하고 킁킁댔다. 앞서가시던 엄마의 재촉이 있고서 정신을 가다듬고 엄마를 쫓던 시절, 찔레는 엄마의 향기다.

가지런한 고추밭을 지나자 줄기가 무성하게 뻗어있는 감자밭이 나왔다. 엄마 생각이 더 간절해졌다. 감자가 탐스럽게 여물도록 뿌리로 영양분을 내리는 줄기들. 줄기가 엄마의 마음이었다. 갓 캐낸 감자를 삶아서 파실파실한 속살을 자식에게 먹이고 싶은 마음으로 정성을 다해 가꾸어 놓은 감자밭. 엄마의 사랑을 확인한 듯 발걸음이 가벼워졌다.

감자밭 옆 언덕에 또 다른 찔레꽃이 무더기로 피어 있었다. 통통하게 오른 찔레순에 손이 갔다. 하나씩 똑 따서 연한 가시 껍질을 벗기고 친구와 한 입씩 베어 먹었다. 달큰 아삭한 찔레의 맛을 기대했는데 싱거웠다. 예전에 먹던 맛은 아니었다. 친구와 나는 마주 보며 멋쩍어 피식 웃었다. 벌이 붕붕거리며 날아왔다. 거부할 수 없는 꽃향기에 이끌렸나 보다. 찔레꽃에 벌들이 떠날 줄 모르고 꽃가루를 묻히고 있었다. 하얀 꽃잎은 소박하면서도 어찌 그리 청초한지. 꽃에 반하고 향기에 취해 우리도 가던 길을 멈추고 벌이 되어 붕붕거렸다.

찔레의 향을 가슴에 담고 멀어질 때쯤 오솔길을 발견했다. 누가 먼저 다녀간 길이어서 따라가는 우리는 길 찾기가 쉬웠다. 산길로 이어진 곳에 쥐똥나무가 우릴 반겼다. 하얀 꽃이 수줍은 듯 군락을 이루어 피어 있다. 제각각의 향기를 발산하는 꽃들, 향으로 곤충을 유혹한다. 벌과 나비들도 바쁘게 움직였다. 찔레의 향에 취해서일까, 쥐똥나무의 향은 구리구리했다. 구린내 때문인지 쥐똥나무에 벌은 많지 않았다. 벌이 앉았다가도 바로 날아올라 멀리 사라져갔다. 그 모습을 보던 친구가 구린 냄새를 벌들도 아는가 봐, 내뱉은 한마디에 웃음이 터져 나왔다.

찔레꽃 향에 벌이 오래 머물 듯, 덕이 있고 향기가 나는 사람에게는 사람이 모이고, 쥐똥나무의 향처럼 구린 사람은 있는 벗도 떠난다는 엄마의 말씀이 가슴에 안긴다. 꽃과 벌에게 배우는 하루다.

추억의 맛

올해 추석은 황금연휴라지만 내게는 지루하도록 길다. 귀성 차량으로 고속도로가 주차장이 되었다는 TV 뉴스 첫머리에 만감이 교차한다. 지난해는 나도 저 대열에 끼어 있었는데 시부모님이 돌아가시고 형제들도 명절에 모이지 않으니 이젠 찾아갈 고향이 없어져서다. 명절에 고향 가는 차 안에서 귀향길이 고생길이라며 투덜거렸는데 막상 찾아갈 곳이 없다는 사실에 공허감이 몰려왔다. 뭔가 할 일을 잃어버린 듯한 상황에 TV만 무심하게 보고 있는 남편도 쓸쓸해 보이기는 마찬가지였다. "연휴도 긴데 여행이라도 갈까?" 권유해 보았으나 머리를 절레절레 흔든다. 부모도 고향도 없어진 허탈감이지 않을까.

차례상도 차리지 않으니 추석 명절이라기보다는 마치 긴 휴식 시간처럼 여겨졌다. 어릴 적 추석은 설렘 가득한 명절이었지만, 결혼하고는 차례 음식 하랴, 매끼 식구들 식사 챙기랴 고된 시간이었다. 이제는 그 시간마저 그리운 시간이 되었다.

보름달이 휘영청 밝게 뜨면, 어머니는 늘 장독대에 정화수를 떠 놓고 온 가족의 안녕과 행복을 기원하며 달을 향해 빌었다. 뭐든 정성이 따라야 한다며 몸가짐부터 정갈하게 했다. 어린 마음에도 그래야만 하는 줄 알고 나도 열심히 따라 빌었다. 해외여행을 가느라 공항도 북적인다는 소식도 전해졌다.

추석엔 햇곡식이나 햇과일로 자연과 조상들께 감사하며, 흩어진 가족들이 모여 오순도순 정을 나누는 시간이 아니던가. 이제는 핏줄 공동체보다 핵가족화되고 명절에 대한 사회적인 의식의 변화도 뚜렷해지고 있다. 가족들이 해외여행 가서 간편하게 차례를 지낸다고 하잖은가. 조상님들이 해외까지 따라가서 제사상 받느라 고생이 많다는 우스갯소리가 나올 정도다.

어릴 적 어머니는 송편을 만들기 위해 쌀가루를 익반죽하여 치대어 놓고 형제들이 모여 앉아 빚도록 했다. 각자의 개성대로 빚는 송편은 솜씨도 모양도 제각각이었다. 누가 누가 더 예쁘게 빚나 신경전이 치열했다. 예쁘게 빚어야 딸도 더 예쁘게 낳는다는 소리에 반달처럼 예쁘게 모양을 만들려고 정성을 다했다. 송편을 찔 때 넣는 솔잎을 따는 일은 우리 몫이었다. 소쿠리 하나씩 들고 여린 소나무의 잎을 찾아 까치발을 세우며 솔잎을 훑었다. 높은 가지에 달린 솔잎을 따다 미끄러져 몸에 생채기가 나도 맛있는 송편 생각에 아픈 줄도 몰랐다.

우리 집은 밤나무가 없어 논두렁에 심어 놓은 풋콩을 넣어 송편을 빚었다. 할머니께서 가져다주신 녹두알갱이를 넣어 찐 송편은 아버지께서 제일 좋아하셨다. 우리는 참깨와 설탕을 섞어 만든 깨 송편을 좋아했다. 우리는 깨를 많이 넣으려고 경쟁했고, 나중에 익으면서 터질 거란 걸 알지 못했다.

송편이 익기를 기다리며 아궁이를 벗어나지 않고 기다렸다. 김이 모락모락 나는 찜기를 열자 솔잎 향이 확 풍겨왔고, 송편이 반달 모양으로 동글동글 예쁘게 쪄진 것과 소가 넘쳐 터져버린 송편이 뒤엉켜 엉망이 되었지만 꿀맛이었다. 물과 참기름을 발라 소쿠리에 담기 바쁘게 젓가락으로 콕 찍어 맛을 보던 기억이 새롭다. 육 남매나 되는 우리 집은 서로 많이 먹으려고 경쟁도 치열했다. 어머니는 추석 차례상을 차리기도 전에 송편이 동나겠다며 커다란 소쿠리에 수북이 담아 처마에 걸어놓으셨고 우리는 눈으로 보며 침만 꼴깍꼴깍 삼켰다.

우리 집은 할머니가 계신 큰집에서 손두부를 만들어 가져왔다. 할머니의 지휘 아래 조청 유과, 들깨 강정과 참깨 강정, 검은콩 강정은 큰어머니와 어머니의 손을 거쳐 맛이 났고, 지금 생각해도 그때 먹은 강정 맛은 최고였다.

우리 동네는 올벼 쌀이라고 해서 미리 수확한 벼를 솥에 찌고, 잘 말려 절구에 빻아 현미를 만들어 차례상에 올렸다. 쫄깃한 올벼 쌀은 씹을수록 단맛이 나고 우리의 간식거리로 최고였다. 삶아 적당히 수분을 날리고 절구에 찧은 쌀이라 그냥 먹어도 배탈이 나지 않았다. 배고플 시기에 굶기지 않으려는 부모님의 사랑이 아니었을까. 올 추석엔 유난히 쫄깃하게 씹히면서 고소한 올벼 쌀이 간절히 생각난다. 고향에나 가야 먹을 수 있는 올벼 쌀을 언제 또 먹을 수 있으려나.

글을 쓰며 추억 맛으로 먹은 송편이며 강정에 침이 고인다. 고향 갈 기회가 온다면 추석이 아니어도 여린 솔잎 따다가 가족들과 반달 같은 송편 한번 빚어보고 싶다.

봄을 캐는 아낙

겨울이 가기 싫어 눌러앉을 모양이다. 마지막 발악이라도 하듯 눈 폭탄을 터트렸다. 나뭇가지마다 움 돋던 새순들이 눈을 뒤집어쓰고 떨고 있다. 그 와중에도 양지바른 곳에선 새싹들이 삐죽이 고개를 내밀어 살아있음을 알린다. 겨울이 폭설로 어깃장을 놔도 봄은 기어이 오고야 말 것을.

겨울을 밀어낸 봄 햇살이 따사로운 날, 양지바른 산자락에 앉아 냉이를 찾았다. 며칠 전 나들이 때 먹은 냉이된장국 맛을 잊을 수 없어서다. 냉이가 아직 싹을 올리지 못했는지 보이지 않고 망초 새싹만 바닥에 깔려 여린 숨을 쉬고 있다. 냉이는 폭설에 고개도 못 내밀고 움츠러든 모양이다. 차가운 기운이 아직 남아있어도 봄 햇살에 기운을 받아 힘을 내야 할 텐데, 나도 따스한 봄 햇살에 움츠린 가슴을 활짝 펴고 심호흡을 해본다. 봄이 내 안으로 스며든다.

일주일이 지났다. 그사이 봄 햇살도 더욱 따사로워졌고 하루가 다르게 봄소식이 다채롭게 펼쳐졌다. 냉이도 나왔다. 손가락을 깊숙이 넣어 뿌리째 살살 흔들어 뽑았다. 뽑힌 냉이를 보니 쾌감이 인다. 또 다른 냉이를 찾아 여기저기를 살핀다. 아직 여린 냉이지만 향이 코끝으로 가득 들어왔다. 냉이를 찾아 헤매는 모습이 마치 먹이를 찾는 멧돼지 같다고 놀려대는 남편에게 냉이를 캐서 담은 주머니를 안기고 여기저기 삐죽이 내민 냉이를 모조리 캤다. 쪽파인지 부추인지 모를 풀이 나와 있어 향을 맡아보니 달래였다. 횡재한 듯 잘 자란 달래도 서너 뿌리를 캤다.

 저녁 밥상이 푸짐해졌다. 된장을 풀어 끓인 냉이된장국은 남편이 제일 잘 먹었다. 비아냥거리기만 하고 냉이 캐는 것은 거들지도 않더니 먹는 것은 제일 열심이다. 나는 눈을 흘기면서도 맛있게 먹어 주는 남편이 고마웠다. 냉이는 비타민A가 많아 춘곤증 예방에도 좋고, 단백질과 무기질, 비타민, 칼슘, 철분도 풍부하여 간도 튼튼, 위도 튼튼, 신진대사를 활발하게 하여 효력이 좋은 약초로도 불린다. 봄 식탁에 냉이 하나 더했을 뿐인데 풍족해 보인다. 달래 뿌리는 고무나무 화분에 더부살이를 시키고 번성했으면 하는 간절한 마음도 심었다.

 다음날은 친구를 불러냈다. 많은 사람이 봄기운에 이끌려 나들이를 나왔다. 아기도 아장거리며 봄기운을 만끽한다. 연신 커폴 사진을 찍어대던 젊은 연인이 호들갑을 떨었다. "어머, 이 작은 꽃 좀 봐. 너무 예뻐!" 그 말에 우리의 시선도 그들이 바라보는 꽃에 꽂혔다. 연하늘색 봄까치꽃이었다. 꽃잎의 모양이 개의 성기를 닮았다고 해서 개불알꽃이라고도 불린다. 이름과 달리 꽃은 앙증맞고 사랑스럽게 생겼다. 하늘을 닮은 색이다. 작은 꽃이 바닥을 가득 메우다시피 피어 지나는 상춘객의 발걸음을 붙잡았다. 봄 하늘을 닮은 꽃이라 봄까치꽃일까. 꽃잎이 비행접시처럼 봄 하늘을 날아다닐 것만 같다.

꽃은 양지바르고 볕이 잘 드는 곳이면 자리를 탓하지 않고 핀단다. 반복생식 일년생으로 분류된 개불알꽃은 기회가 되면 재빠르게 자리를 잡아 꽃을 피우고 열매를 맺어 유전자를 보존해야 하는 사명 받은 식물이라고. 봄까치꽃이 있는 곳엔 냉이가 번식하기 힘들단다. 워낙 낮게 군락을 이뤄 자라는 꽃이다 보니, 듬성듬성하게 뿌리내리는 냉이와는 자라는 방식이 다르기 때문이란다. 봄을 알리는 전령사라는 이미지는 같은데.

이제 봄도 완연해지고 있다. 산자락의 냉이도 많이 자랐다. 살짝 데쳐 된장 한 스푼 넣고 조물조물 나물로 무쳐 먹으면 봄 내음이 입으로 가득 들어오겠지. 냉이의 단짝 친구 여린 쑥도 보인다. 나물을 캐는 손길이 바빠졌다. 냉이된장국과 쑥을 넣은 도다리쑥국은 봄 한 철 입맛 돋우는 계절 음식인데, 도다리쑥국 먹을 일도 만들어봐야겠다.

　나물 바구니엔 냉이며 여린 쑥이 한가득하다. 봄을 캐는 아낙이 된 우리는 봄바람에 땀을 식혔다. 언제 폭설이 왔었던가 잊은 지 오래다. 쑥국에 냉이 무침으로 겨우내 지쳤던 가족들의 몸보신을 해줄 생각을 하니 흐뭇하다. 봄의 나른함도 덜어주기를 바라면서 엉덩이에 묻은 봄을 툭툭 털고 일어섰다.

2부

건강

건강은 자신이 가지고 있는 가장 큰 자산이며,
건강해야 하고 싶은 걸 할 수 있다.

불청객
검은 구슬방울
거북이가 되었다
커피의 추억
밤송이
심곡천의 오월
찢겨진 편백나무
친구
진짜 사나이

불청객

초대하지 않은 손님이다. 청한 적도 없건만, 소리 없이 제멋대로 들어와 내 몸 한자리를 떡하니 차지한 뻔뻔하고 거추장스러운 놈이다. 무단 침입한 그를 내쫓기엔 이미 늦었다. 원치 않아도 괴로운 동거를 해야 하는 처지에 이르고 보니 방심하고 살아온 날이 후회스럽다. 지금보다 상황이 더 악화하지 않도록 다독여야 한다. 먹는 걸 즐기는 나지만 불편한 손님이 달가워하지 않도록 신경을 써야 한다. 없앨 수도 없으니 어긋나지 않게 공존할 수밖에.

생긴 모양이 강낭콩처럼 생겼다고 콩팥이란다. 몸속의 노폐물을 처리하고 생체 항상성을 유지하면서, 체내 수분량과 전해질 산성도를 조절하는 기관이다. 콩팥의 기능이 심하게 저하되면, 생명을 유지하기 힘들다. 생명을 유지하는 매우 중요한 기능을 수행하지만, 뚜렷한 통증이나 증상도 없다. 아픔을 느꼈을 때는 이미 늦었다.

콩에는 식물성, 단백질이 많아 몸에 좋다는 사실은 알고 있지만 나는 콩의 텁텁함을 싫어했다. 정월 대보름에 먹는 오곡 찰밥에 들어있는 콩과 팥조차 골라내고 먹을 정도였다. 콩찰떡은 물론이고 시루떡의 팥도 모두 걷어내고 먹어야 하는 별스러운 식성을 가졌다. 콩과 팥을 싫어해서 콩팥에 문제가 생겼는지도 모를 일이다.

우리 몸의 장기는 어느 한 부분이라도 소중하지 않은 것이 없다. 각각의 기관이 하는 일이 다르고 기능도 다르지만, 유기적으로 연결되어 있다. 영양소가 부족하면 신호를 보내어 부족함을 알린다. 통증 없는 신호는 무시되기 일쑤다. '아직 젊으니까, 설마 내게?' 하는 안일한 호기를 부리면서.

언니가 병원에 있다는 연락이 왔다. 평소 우리 자매 중에 건강을 제일 자부하던 언니라서 대수롭지 않게 받아들였다. 언니는 직원의 횡령으로 부도 위기에 몰린 회사를 수습하느라 몸을 돌볼 상황이 못 되었다. 눈앞의 현실을 해결하기 위해 동분서주하며 일했다. 몸에서 오는 신호도 스트레스를 많이 받아 생기는 현상쯤으로 가볍게 여겼다. 위기에 위기가 겹친 순간 찾아온 언니의 병은 치료받을 새도 없이 급성으로 치달았다. 일상생활이 엉키고 정신을 잃고서야 심각함을 깨달은 셈이다. 급성으로 찾아온 신장염은 투석으로 이어지고 하루걸러 병원 신세를 지면서 삶에 대한 의지마저 약해져 가고 있었다. 호흡곤란이 오는 횟수가 잦아지고 근육이 경련을 일으켰다. 증세도 점점 악화하였고, 큰 수술로 이어졌다.

    젊은데? 시간이 없어서, 너무 가볍게 생각해서 돌이킬 수 없는 상태에 이른 것이다. 큰 병을 앓는 이가 없다가 언니의 지병은 우리 가족 전체의 삶에도 변화가 찾아왔다. 자연에서 나는 귀한 약제를 찾아 수소문하게 되고 건강검진에다 건강염려증까지 생겼다. 살아갈 날이 많은 딸애가 쓰러졌다는 소식은 팔순 노모의 가슴을 후벼팠다. 딸애를 살려주고 대신 당신의 목숨을 가져가라시며 눈물로 밤샘 기도하시던 어머니. 병간호를 자처하신 어머니의 희생에 언니의 수술은 성공적이었다.

    조금만 방심해도 파고드는 그놈의 에너지에 언니는 매일 매일 전쟁 중이다. 건강할 때의 입맛은 다 어디로 사라졌는지 입이 반기지 않아 음식 냄새도 역겹단다. 가끔 메스꺼움이 일어 헛구역질하고 근육도 경련을 자주 일으켰다. 얼굴도 기미 주근깨가 덮여 오더니 면역억제제로 인해 몸은 호빵처럼 부풀어 올랐다. 그런 자신 모습이 보기 싫다며 방안의 거울도 모두 치우고 외출하기도 꺼린다. 종일 침대에 누워있는 시간이 길어졌다. 몸을 일으키려 해도 기운을 차릴 수가 없단다. 머리카락도 한 움큼씩 빠진다며 머리빗을 버리고 모자를 썼다. 면역력이 약해 축 늘어져 있는 언니를 보며 나는 덜컥 겁이 나서 마음을 잡았다.

언니와 같은 질병을 앓고 있기에 남의 일처럼 느껴지지 않았다. 손과 발이 부어오르고 주먹도 쥐어지지 않는다. 가족의 지병에 '혹시나' 하는 심정으로 건강검진을 했다가 '역시나'가 되는 순간이었다. 그나마 다행인 것은 빨리 발견했다는 거다. 언제 들어왔는지 나의 몸에 조용히 자리를 차지하고 있는 불청객. 언니와 똑같은 상황이 되었다. 일찍 발견하고 스트레스가 덜했던 나는 잘 다독이면 현상 유지는 가능하단다. 원하지 않는 동거지만 서로 거슬리지 않게 함께 가야 한다.

생활이 달라졌다. 건강해야 하고 싶은 일을 할 수 있기에, 건강을 최우선 순위에 두었다. 운동도 시작했고 일도 줄였다. 아무거나 먹지 않는다. 몸에 이로운지 해로운지를 따지며 좋아하는 토마토, 수박과 참외 등도 삼가고 적당히 먹는다. 먹는 즐거움을 빼앗긴 기분은 영 떨떠름하다. 먹을 수 있는 종류도 한정되어 있고 조리하는 방법도 번거롭고 까다롭다. 채소도 데치거나 물에 담가 칼륨을 제거하고 먹어야 한다. 원하는 대로, 마음 내키는 대로, 먹고 마실 수는 없어도 그 불청객에게 지기는 싫다. 나의 일상도 예전 같지 않다. 피로하면 하던 일을 멈추고 휴식에 들어간다. 그놈에게 지지 않으려는 나의 자구책이자 처방전이다.

건강은 건강할 때 지켜야 한다는 평범한 진리를 소홀히 한 대가를 혹독하게 치르는 중이다.

검은 구슬방울

어머니의 얼굴에 붙은 검은 구슬방울, 남들은 혹이라지만 나에겐 흑진주 같은 보석이다. 스치듯 보면 포도알이나 체리를 붙여 놓은 것 같았다. 만지면 보드랍고 말랑하여 손장난하기가 좋았다. 어머니에게 기대고 싶고 위로받고 싶을 때, 속상한 일이 생기면 구슬방울을 만지며 안정을 되찾곤 했다. 어머니와 나란히 누울 때면 어김없이 손을 뻗어 조물거렸다. 어머니는 귀찮다며 돌아누우셨지만 나는 더욱 바싹 붙어 만지작거렸다. 엄마 품만큼이나 위안이 되는 구슬방울이었다.

학교 다닐 때는 친구들이 혹쟁이 엄마라고 놀렸다. 속상하기는 했어도 아무렇지 않은 척하며 혹이 있으면 어때서라고 애써 마음을 다잡았다. 놀려대는 자체가 싫었을 뿐, 내게 어머니의 혹은 전혀 이상하지 않았다. 다른 엄마에게 없는 특징이어서 엄마가 우리를 버리고 멀리 도망가도 쉽게 찾을 수 있을 거라 위안 아닌 위안을 하며 놀림을 애써 외면했다. 아마 속상한 마음을 그렇게라도 위로받고 싶었는지도 모르겠다.

조카는 할머니 얼굴에 달린 혹 만지는 걸 좋아했다. 부드럽고 말랑한 느낌이 마음에 든 모양이었다. 자라면서 외할머니라 부르지 않고 '혹할머니'라 부르기 시작했다. 당사자인 어머니는 내심 속상해하셨을 테지만 우리는 눈치 없이 혹할머니라고 부르기를 부추겼다. 어머니는 손주들이 혹할머니라고 불러도 무덤덤하게 받아들였고, 내가 어머니를 남에게 소개할 때마다 혹할머니라 지칭하며 설레발을 쳤다. 어머니의 마음에 상처가 되는 줄도 모르고, 아이들에게 혹할머니라 부르기를 바랐고 우리도 자연스레 그리 부르게 되었다.

검은 구슬방울의 시작은 조그만 점이었다고 했다. 자라면서 점점 커지더니 성인이 되자 포도알 같은 혹이 되었고, 특별히 아프거나 염증이 얼굴로 번지는 것도 아니어서 그대로 두었다고 했다. 오히려 그 혹을 떼면 자손이 다치거나 집안에 우환이 생길 거라는 무속인의 말에 제거할 엄두를 내지 못했다고, 어머니 당신도 앓아눕게 될까 조심스러워 그대로 두었단다. 다행인지 얼굴 속으로는 염증이 파고들지 않았고, 포도알처럼 뺨에 붙어 그 이상 자라지도 않았다. 어머니는 평생 업보로 여기며 팔자려니 내색하지 않았다고 했다. 자식들에게 속내를 털어놓지도 않아 우리는 전혀 눈치를 못 채고 있었다.

어머니는 남들 앞에 나서는 걸 꺼렸고, 행여 혹에 대해 이것저것 물어볼까 봐 조심스러워 위축되고 숨는 버릇이 생겼다고도 했다. 우리는 그런 어머니의 심정도 모르고 설레발을 치고 혹할머니라 부추겼으니, 어머니의 가슴에 대못을 박는 불효를 저지르고 만 거였다. 어머니의 가슴 아픈 사연을 들은 우리는 가슴이 먹먹해져서 눈물만 흘렸다. 어떠한 위로가 어머니 평생의 한을 풀어 드릴 수 있겠는가? 내게 어머니의 혹은 위로의 상징이었다. 어머니에게 다가가 유대감을 느낄 수 있는 수단이었기에, 그 혹으로 인해 창피하다고 느껴본 적은 없었다. 뒤늦게 어머니의 고충을 알고 마음이 아파 눈물이 났다. 여드름 하나, 뾰루지 하나에도 예민하게 구는 나 자신을 보며, 어머니의 얼굴에 달린 혹이 엄청난 콤플렉스로 느껴졌을 생각하니 참담해졌다.

언니는 어머니의 마음을 알았으니, 당장에 제거 수술을 하자고 했다. 정형외과에 예약도 하고, 수술 절차와 비용 문제도 해결을 위해 나섰다. 어머니도 기왕지사 모두 알게 되었고, 요즘 세상에 미신을 믿는 것보다, 의료 기술을 믿는 게 더 나을 듯하다며, 마음먹은 김에 제거하자고 흔쾌히 결심을 굳혔다. 우리는 어머니가 결심을 번복할까 봐 서둘러 모시고, 병원으로 향했다.

간단한 수술이지만 연세가 있으신 어머니라 마음을 졸이며 수술이 끝나길 기다렸다. 수술이 잘 되었고, 금세 회복하셔서 퇴원이 결정되었다. 어머니도 홀가분한 기분이 든다고 하셨다. 어머니의 칠십 평생을 함께한 혹은 일사천리로 가뿐히 제거되었다. 당신 인생의 멍에처럼 달고 사신 혹이 사라진 날 거울을 보고 또 보시며 얼굴을 이리저리 살피셨다. 자꾸 거울을 보고 계신 할머니를 바라보던 손녀가 "나는 혹할머니가 훨씬 좋아." 하여 한바탕 웃었다. 어머니의 환히 웃는 얼굴이 그동안의 마음고생을 씻어 내린듯하여 우리의 마음도 한결 가벼워졌다. 요즘은 혹이 없어져 자신감이 생겼는지 노래 교실도 다니시고, 노인정에서도 위축되지 않는다고 하셨다. 간단한 혹 제거가 날개를 달아드린 셈이다.

어머니의 남은 인생에 밝은 햇살만 비추었으면 싶다.

어머니, 사랑합니다!

거북이가 되었다

느림의 삶을 강제로 부여받았다. 몸의 이상 신호로 일상을 멈춰야 했다. 병 치료에 집중하기 위한 불가피한 선택이지만, 내 주변의 모든 게 일순간 정지되었다. 천천히 움직여야 하고 뇌에 충격이 가면 안 된단다. 넘어질 수도 있어 지팡이도 짚어야 한다. 거북이가 되었다. 성격도 급하고 행동도 빨라 서둘러 일해 오던 나는 거북이처럼 느리게 살아야 남은 생을 영위할 수 있다니 답답하기 그지없다. 일시적인 우울감도 스며들고, 눈물도 났다. 수긍해야 한다고 되새기면서도 몸에 밴 습관은 좀체 고쳐지지 않았고, 느리게 사는 삶에 적응도 쉽지 않았다. '천천히'를 외치며 거북이가 되려 하지만, 몸에 배지 않아 위험한 순간을 맞이하기도 한다.

직업은 어린이집 교사였다. 어린 아기 돌보는 일은 안전이 우선이라 잠시도 한눈을 팔 수 없다. 위험을 미리 예견하고 움직여야 안전을 도모하기에 몸이 먼저 반응한다. 밥도 빠르게 먹었다. 아니 먹어 치운다는 게 맞는 표현이지 싶다. 균형 잡힌 식사는 기대하기 어려웠다. 여느 모임에 가서도 일행들과 보조를 맞추기가 힘들었다. 빠르게 먹는 습관이라는 해명이 곁들여져야 하는 낯 간지러운 상황이 자주 생겼다. 의식적으로 고쳐보려 애를 써도 몸에 밴 습관은 바꾸기가 쉽지 않았다. 먹는 걸 즐기는 편이라 늘 먹거리에 관심이 많았고, 과일은 주변에서 혀를 내두를 정도로 많이 먹었다. 몸은 바쁜 일상과 불규칙한 식습관으로 이상 신호를 보내고 있었지만 알아채질 못했다. 바쁘다는 핑계로 건강관리는 뒷전으로 밀렸고, 어지럼증에 시달리면서도 일시적인 현상이라 여기며 몸살 정도로 치부했다.

의사들의 파업이 겹쳐 진료도 쉽지 않았다. 시간이 지체되면서 몸의 심각성은 더해졌고 급기야 병원 로비에서 쓰러져 의식을 잃었다. 응급 처치를 받고 겨우 정신을 차렸을 땐 여러 개의 주삿바늘이 꽂혀 있었고, 각종 검사도 이루어졌다. 뇌졸중이란다. 중추신경계를 침범하는 항체가 염증을 일으키고, 면역 체계에 교란을 가져와 운동장애와 시력 손상을 일으키는 새로운 질병이라고, 의학계에서도 신종 질환으로 치료제를 개발 중이란다. 청천벽력이 이럴 때 쓰는 말인지. 세상일이 마음먹은 대로 흘러가 주지 않는 게 인생인지. '아직 젊은 내게? 무슨 일이야? 잘못 판단 내린 게 아닐까? 에이 설마.' 실감도 나지 않았다. 주위에서는 걱정이 되어 조심하라고 했지만 나는 잠시 겪는 몸살 같은 거라고 느껴졌을 뿐이었다.

말짱한 정신과 달리 몸은 마음대로 움직여지지 않았다. 단어도 잘 생각나지 않고 말도 어눌해졌다. 술에 취해 혀가 꼬부라진 사람처럼 발음이 정확지 않았다. 진료 검사 동의서에 서명하려고 펜을 들었는데 내 의지와는 다르게 손과 펜이 허공에서 제멋대로 흔들렸다. 다른 쪽 손으로 끌어와 겨우 서명했다. 그제야 내 몸의 심각성을 인지하기 시작했다.

그 후로도 숟가락을 잡은 손이 허공에서 흔들리며 입으로 가져오라는 뇌의 명령어가 잘 전달되지 않는 현상이 일어났다. 가끔 손에 힘이 풀리고 다리에도 힘이 풀려 허망하게 고꾸라지기도 했다. 사소한 움직임도 누군가의 도움을 받아야 했다. 노쇠하면 누군가의 손에 의지해 연명해야 할 때도 있으려니 생각해 보긴 했지만, 너무 일찍 찾아온 질병에 우울감이 몰려왔다.

주위의 모든 상황을 정리해야겠다고 판단하고 모든 일에서 손을 놓았다. 내 건강을 위하는 일에만 매달리기로 작정했다. 먹는 거, 자는 거, 쉬는 것도 규칙적인 생활로 바꾸었다. 좋아하던 과일도 먹지 않았다. 내 몸에만 집중하느라 살림도 등한시했다. 딸애가 직장을 그만두고 엄마의 간병을 자처하고 나섰고, 살림도 딸애가 도맡아 하며 엄마의 손과 발이 되어 주었다.

거북이처럼 살아가기 위해서 연습이 필요했다. 간병하는 딸애가 "엄마, 천천히!"를 귀에 딱지가 앉도록 외쳤다. 불쑥불쑥 튀어나오는 성급함에 넘어지기도 했다. 나도 모르게 서둘게 되는 순간이 한두 번이 아니다. 그제야 거북이처럼 느리게 움직여야 함을 다시금 깨닫는다. 신경을 쓰면 안 된다. 멍때리기를 하면서 뇌를 비워야 했다. 책을 읽거나 컴퓨터에 조금만 집중하면 머리가 욱신거렸다. 혼자 산책도 어려웠다. 청소하고 반찬 만드느라 정신없는 딸애를 대동하기도 어려워 소파에 기대어 있거나 드러눕는 경우가 많았다.

치료 약의 부작용은 식욕을 촉진하고 몸이 점점 부어 얼굴은 호빵처럼 부풀어 올랐다. 걷는 게 어려워 소파에 누워있는 생활이 잦다 보니 살도 점점 불어났다. 한 번 나빠진 건강은 도미노처럼 내 몸의 모든 기관을 돌아가며 괴롭혔다.

TV에서 거북이가 알을 낳고 그 알이 깨어 바다로 가는 다큐멘터리가 방영되고 있었다. 알에서 깨어 날짐승들에게 잡아먹힐 위험이 도사려도 바다를 향해 가야 하는 새끼 거북이의 숙명에 울컥 눈물이 났다. 저 거북이들처럼 내게 온 질병을 숙명으로 받아들이고 쉼 없이 병마와 싸워나가면 나도 완치의 바다에 다다르지 않을까.

여기서 주저앉으면 영영 걸을 수 없을지도 모른다는 생각이 들었다. 걷지 않으니 걸음이 무거워졌다. 한 걸음을 뗄 때마다 다리에 모래주머니를 달고 다니는 기분이었다. 걷다 누군가와 부딪치지 않도록 인적이 드문 시간에 지팡이와 벽을 의지해 혼자 걷는 연습을 시작했다. 처음엔 50m를 가는 데 15분이나 걸렸다. 지속적인 걷기 연습에, 다리에 힘도 들어갔다. 몸도 점점 가벼워졌다. 이제는 누구의 도움 없이 지팡이만 있으면 움직여졌다. 새끼 거북이가 바다에 이르듯 내 몸도 조금씩 회복되어갔다. 희망이 보였다.

이른 새벽, 바다를 꿈꾸는 새끼 거북이처럼 내 몸의 완치를 꿈꾸며 지팡이를 짚고 나선다. 산책길 공기가 상쾌하다. 보이는 모든 게 소중하게 느껴졌다.

커피의 추억

 젊은 남녀의 손에 들린 커피 향이 은은하다. 거리에는 커피잔을 들고 다니는 사람이 흔해졌다. 커피는 우리 일상으로 들어와 생활이 된 지 오래다. 식사를 마치고 나면 커피를 마시는 게 습관처럼 당연하게 여긴다. 우리나라에 커피숍이 우후죽순 생겨난 이유이기도 하고, 경제적인 여유를 접한 세대의 문화로 자리매김한 이유이기도 하다.
 앞만 보고 달려온 세대는 서서히 문화의 향유에 나섰고, 백세시대에 맞춰 건강에 관심도 높아져 술을 마시기보다는 커피숍에서 차를 마시며 대화를 하는 사람이 많아졌다. 나는 커피를 마시면 속이 울렁거리는 증세가 있어 부득이한 경우를 제외하곤 커피를 잘 마시지 않는다. 커피 향까지 거부하지 않은 게 그나마 다행이다.
 커피가 귀하던 시절, 커피를 마신다는 것은 문화생활을 하는 일부 계층의 전유물처럼 느껴졌다. 드라마나 영화 속 다방에서의 만남이든 이별이든 커피 마시는 장면은 빠지지 않았다. 내가 살던 곳은 도시에서 먼 곳이라 다방이 있지도 않았고, 다방이 있었다고 해도 커피 한 잔의 호사를 누릴 형편도 아니었다. 도시에서 사회생활을 할 땐 음악을 들려주던 DJ가 있는 다방에서 커피를 마시는 게 유행이었다. 음악 DJ는 동경의 대상이 되던 시절이라 커피값이 꽤나 지출되기도 했다.

처음 커피를 접하던 날은 중학교 시험 기간이었다. 토요일 오후에 친구와 함께 시험공부 하던 중에 내가 졸려 하자 커피를 마시면 졸음을 쫓을 수 있다며 선물로 들어온 커피 상자를 꺼내 왔다. 커피와 프리마 설탕까지 세트로 들어있었다. 나는 드라마에서만 보던 커피를 처음 보고 반색을 했다. 친구는 커다란 주전자에 물을 끓이고 대접 두 개를 가져오더니 밥숟가락으로 커피 두 스푼, 프리마 두 스푼, 설탕 두 스푼을 넣어 뜨거운 물을 부었다. 숟가락으로 휘휘 저어 맛을 보더니 커피와 설탕을 한 스푼씩 더 넣었다. 친구의 모습을 지켜보며 입맛을 다셨다. 커피 통에 커피는 눈에 띄게 줄어들었고, 어른들께 혼날까 봐 조바심이 일었다.

커피 향이 구수하게 스멀거리며 코를 자극하니 맛이 더욱 궁금해졌다. 친구는 커피의 농도를 맞추고 나서 내게 한 대접을 건넸다. 우리는 커피를 음미하면서 한 모금씩 마셨다. 달짝지근하면서 쓰고 구수하면서 톡 쏘는 묘한 커피 맛을 드라마 주인공처럼 흉내를 내며 마셨다. 한 방울이라도 놓칠세라 탈탈 털어 대접 커피를 마신 우리는 시간이 지나자 속이 울렁거림을 느꼈고, 술 취한 사람처럼 비틀대며 휘청거렸다. 잠시 눈을 붙이기로 하고 누웠는데 그대로 잠이 들어버렸다.

밖이 웅성거려 눈을 떠보니 친구의 부모님께서 들일을 마치고 집으로 오신 거였다. 혼이 날까 봐 커피 마신 걸 숨겼고, 공부하다 깜박 잠이 들었다며 급히 집으로 돌아왔다. 집에 와서도 불안해서 견딜 수가 없었다. 차라리 사실대로 말씀드리고 꾸중을 들었으면 이렇게 불안하지 않았을 텐데, 친구의 집으로 다시 갔다. 막상 대문을 열고 들어가려니 용기도 나지 않았다. 대문만 빼꼼히 열어 집 안의 동태를 살폈다. 커피 사건이 들키지 않았는지 조용했다. 그 길로 집에 왔지만, 친구에게 혼자만 책임을 떠넘긴 게 미안하고, 걱정되어. 잠도 쉬이 들지 못하고 선잠을 잤다.

다음날, 일찍 친구를 찾아가 부모님께 많이 혼났는지 물었다. 혼나지는 않았고, 학생은 커피를 마시면 안 된다는 걱정만 들었다고 했다. 다시는 그러지 않기로 약속하며 부모님께서 용서해주기로 했다는 말에 혼자서 밤새 마음 졸였던 게 허탈하면서도 홀가분해졌다.

그 후론 다시는 커피를 마시지 않았고, 성인이 된 뒤에도 커피 울렁증은 계속되었다. 다방이나 커피숍에서도 생강차나 유자차로 대신했고 커피는 일절 마시지 않았다. 한 잔이라도 마시게 되면 속이 아리고 밤을 꼬박 새우기 일쑤여서 웬만하면 커피를 마시지 않는다. 커피 향은 좋아하면서도 커피를 못 마시는 아이러니한 상황은 이제 익숙하다.

요즈음은 다방을 달고 있는 간판은 사라졌고, 커피숍이나 카페라고 불린다. 약속의 장소, 만남의 장소였던 다방은 시골 어느 구석진 동네나 추억을 되살리는 곳으로 가야만이 만날 수 있는 격동기 문화의 뒤안길로 저물고 있다. 커피는 마시는 음료의 의미만 있는 것은 아니다. 마음을 나누는 매개체이기도 하다. 커피나 차를 사이에 두고 마음을 터놓고 수다를 떨다 보면 오해도 풀리고 스트레스도 풀린다. 저녁 모임이 있을 때도 예전 같으면 식후에 술집이나 노래방으로 몰려갔는데 요즘은 커피숍에 모여 앉아 커피나 차를 마신다. 세월이 가면서 유행도 문화도 생활 습관도 바뀌어 가고 있다.

세월 따라 내 체질도 변하는지, 커피만 마시면 울렁거리던 속이 조금씩 적응하는 듯하다. 올가을엔 그 친구와 만나 커피를 마시며 수다 삼매경에 빠져봐야겠다.

밤송이

세 개의 알밤이 꼭 붙어 있다. 송이가 벌어졌는데도 떨어져 나오지 않는다. 우리 자매들처럼 친밀해 보인다. 가시에 찔리지 않게 조심스레 집어 송이째 들고 왔다. 사진을 찍어 가족 소통방에 올렸다. 언니는 잘 영근 알밤이 의좋은 우리 자매들 같다며 좋아했다.

어릴 적부터 잔병치레가 많았던 남동생은 늘 어머니의 근심을 달고 살았다. 두 돌을 넘긴 동생이 며칠을 먹지 못하고 아팠다. 가난한 살림에 병원에 데려갈 형편이 못 되어 동네 어르신의 민간요법으로 버티다 점점 상태가 나빠졌다. 어머니는 뭐든 먹여보려고 애를 썼지만, 동생은 먹지를 못했다. 급기야 황달에 경기를 일으키며 사경을 헤매는 동생을 업고 어머니는 읍내 의원으로 달려갔다. 깜깜한 밤에 십 리나 되는 길을 쉬지 않고 날 듯이 달려갔다고 하니, 얼마나 조급했을지 짐작이 가고도 남음이다.

밤늦은 시간이라 의원은 문이 잠겼고, 어머니는 문을 두드리며 사람 좀 살려 달라고 외쳤단다. 잠결에 나온 의사 선생님은 진찰 후 입원을 권했고 동생은 링거를 맞으며 간이침대에서 다음 날에 겨우 깨어날 수 있었다고 했다. 돈이 없어 시집올 때 외할머니로부터 받은 은가락지 두 개로 치료비를 해결하고 집으로 데려왔단다.

집에 남아있던 우리는 동생을 업고 읍내 의원에 간 어머니를 초조하게 기다리다 잠이 들었다. 다섯 살이던 여동생은 엄마를 찾아 울먹였고, 열한 살 언니는 동생을 품에 꼭 끌어안고 토닥이며 잠을 재웠다. 여덟 살이던 나도 무서워 언니 곁에 꼭 붙어 잠을 청했다.
엄마의 허둥대고 하얗게 질린 표정은 어린 나에게도 생생하게 각인되었다. 돌아오지 않는 어머니를 기다리며 보낸 그날밤은 남동생이 잘못되는 줄 알고 몹시도 불안하고 초조했는데 그나마 언니가 있어 안심할 수 있었다. 남동생으로 인해 급박했던 그 순간은 어머니께서 평생을 두고 가슴 쓸어내리게 하는 얘깃거리였다.

줄줄이 딸만 낳아 기죽어 있던 어머니는 남동생을 낳아 아버지의 자존감을 단박에 높여주었고, 고된 시집살이도 면하게 되었으니 귀한 아들임에는 분명했다. 그러한 아들이었으니 어머니의 과한 사랑을 어찌 탓할 수 있겠는가. 남동생에 대한 어머니의 유별난 사랑은 커서도 변하지 않았다. 기가 허약하고 입이 짧은 남동생을 위해 어머니는 몸에 좋다는 건 모두 구해서 먹였다. 귀한 문어와 소고기도 남동생에게 우선 먹이고 난 후에 우리에게 주시곤 했다.

부모님의 넘치는 사랑은 아들의 나약함으로 돌아왔다. 신체도 약하고 마음도 약한 남동생은 스스로 뭔가를 해내기보다는 부모에게 의지하려고만 했다. 어려운 일이 닥치면 부모님께 손을 내밀어 해결하려 했고, 물려줄 재산도 무조건 큰아들 몫이었다. 우리는 집안 사정과 남동생의 아픔을 알기에 늘 양보하고 불평을 할 수 없었다. 섭섭해도 참아 넘겼다.

막내 남동생이 태어나면서 상황은 달라졌다. 아들이 둘이나 되니 큰아들에게 무조건 적이던 아버지는 나약해 의지만 하려는 큰아들보다 야무지게 뭐든 해내는 막내아들을 더 이뻐하셨다. 내리사랑이었고, 막내였으며, 먹고 사는 게 바빠 아이들 크는 과정을 세세히 지켜보지 못한 이유이기도 했다. 그즈음 집안 형편도 풀려 막내의 재롱을 볼 수 있는 마음의 여유도 생겼으리라. 칭찬은 늘 막내 몫으로 돌아갔다. 아버지와 달리 어머니께서는 아픈 동생이 먼저였는지 큰아들에 대한 애착이 더 강했다.

동생이 결혼해도 반찬이며 양식은 모두 어머니 손에서 해결되었다. 어머니의 애착이 남동생을 더 무능하게 만들었는지도 모른다. 곁에서 지켜주는 어머니가 있어 늘 어린애 같은 남동생은 형제들에게도 도움보다는 폐를 끼치는 일이 잦았다. 형제들에게 손을 벌려 문제를 해결하려 했고, 그나마도 해결이 안 되면 어머니를 졸랐다. 결국 어머니를 위해 형제들이 나설 수밖에 없는 상황을 만들어 본인이 의도한 대로 이루고 말았다.

우리는 남동생의 처사에 서서히 지쳐갔고, 동생의 SOS에도 외면했다. 늘 그래왔던 것처럼, 이번에도 양치기 소년 같은 치기로 여기고 형제들은 더 이상 당하지 않으리라 마음먹으며 외면했다. 그런데 그게 아니었다. 동생이 정말 위급해서 도움을 요청했는데…. 상황을 알지 못한 우리는 그 손을 잡아주지 않고 거절했다. 저도 염치는 있었는지 형제들에게 더 이상 민폐 끼치지 않고 혼자서 해결해 보려 애를 쓴 흔적이 보였다. 우리도 뒤늦게 내막을 알고 수습을 해보려 애를 썼지만, 너무 늦은 처방이 되었다. 결국 동생은 어머니의 가슴에 옹이만 남긴 채 먼 길을 떠났고, 형제들 가슴에도 흑점을 남겼다.

어머니는 남아있는 자식들을 위해 매일 안부를 챙긴다. 알밤 같은 자식들이 걱정 없이 잘살고 있지만, 직접 확인하셔야 안심이 된단다. 우리는 어머니의 마음을 헤아려 폭 안겨 지내고 있다. 덜 여문 밤송이처럼.

심곡천의 오월

새벽안개가 얼굴에 와닿아 끈적였다. 급히 병원으로 달려 나온 터라 씻지도 못한 꼬질꼬질한 모습이어서 말끔히 차려입고 출근하는 사람들을 피해 심곡천 산책로로 들어섰다. 아침 운동을 하러 나온 사람 몇이 있을 뿐 한적했다. 다들 운동복 차림이라 내 모습도 신경 쓰이지 않아 좋았다. 산책로에 조성된 꽃단지에 양귀비꽃이 선홍빛을 발산하며 시선을 사로잡는다. 카메라를 꺼내어 한 컷을 찍었다. 새벽이슬을 머금어서일까. 붉은 꽃잎에 둘러싸인 검은 꽃술은 내 가슴에 선명한 도장으로 새겨졌다. 새벽 긴박했던 순간을 잊을 만큼.

잠결에 전화벨이 울렸다. 새벽 4시 5분 이른 시간이어서 받을까 말까 망설이다가 휴대전화를 열었다. "야야! 급하데이." 수화기에 시누이의 다급하면서도 조심스러운 목소리가 들려왔다. "엄마가 가슴이 아프다고 밤새 고통스러워한데이. 아침까지 기다려보려다 우짤 수 없어 전화했다. 우짜믄 좋노." 형님이 간병하던 중 어머님이 새벽에 복통이 일어나 응급실로 급히 가야겠다고 전화가 온 것이다. 겨우 정신을 차리고 시댁으로 달려갔다. 열이 오르며 가슴 통증을 호소하는 어머님을 차에 태워 병원으로 향했다. 응급실 접수를 마치고 감염 위험이 있어 보호자는 한 명만 상주하면 된다고 하여 남편이 있기로 하고 형님과 병원을 나왔다.

형님은 시댁으로 가고 나는 집으로 오는 버스를 타려는데 출근 시간과 맞물려 정류장은 사람들로 북적였다. 씻지도 못한 몰골이라 내 몸에서 냄새라도 나면 어쩌나 걱정이 앞섰다. 걸으면 두어 시간 정도의 거리라 걷기로 하고, 심곡 개천으로 들어섰다. 아직은 아침 기온이 쌀쌀해서 사람이 많지는 않았다. 호젓하게 걸으며 심호흡하자 긴박했던 새벽 상황이 진정되었다. 길섶의 아기자기한 야생화를 보는 재미도 있었다. 덕분에 한결 마음도 안정이 되어갔다.

심곡천은 인공적으로 조성해 놓은 개천이나, 도심 속에 사막의 오아시스 같은 시민들의 휴식 공간으로, 생태하천으로, 잘 꾸며져 있어 남녀노소 모두 즐길 수 있다. 기온이 오른 여름날에 개천의 역할은 빛을 발한다. 동네 꼬마들은 다리 밑 시원한 곳에서 물장구를 치며 논다. 두 손으로 물고기를 잡아 보려고 애도

써보지만, 물고기들은 아이들을 놀리듯 잽싸게 달아나기 일쑤다. 다리 밑에 돗자리를 깔고 아이들의 재롱을 바라보는 동네 어르신들은 사랑방에 모여 앉은 것처럼 정겹다. 시댁에 올 때마다 가는 곳이라 물소리와 징검다리 하나까지 애틋하고 편안하다.

풀숲에 숨어 있던 나비가 팔랑거리며 날아올랐다. 나비의 날갯짓을 쫓아 눈이 바빠졌다. 이 꽃 저 꽃 간을 보더니 애기똥풀 꽃에 앉았다가 한참을 머물렀다. 노란 분가루를 다리와 주둥이에 묻혀 날아오른 나비는 양귀비꽃 속으로 들어가 앉아 날개를 접었다. 가까이 가면 날아가 버릴까 봐 조금 떨어진 곳에서 지켜보았다. 운동하는 이가 바쁜 걸음으로 휙 지나쳐갔다. 나비는 화들짝 놀랐는지 날아올랐다가 다시 내려앉았다. 한참 후에 나비는 날아서 멀리 사라졌고, 나는 나비가 앉았던 양귀비꽃을 들여다보며 나비가 무슨 짓(?)을 하고 갔나 궁금해했다. 그러나 아무것도 발견할 수 없었고, 선홍빛 양귀비꽃은 심장이 멎을 만큼 아름다워 입이 벌어졌다. 양귀비꽃은 진정 작용이 있어 약재로도 쓰인다는데, 아마도 양귀비꽃의 화려함에 내 눈마저 마취가 된 듯하다. 꽃 속에서 오래 머물던 나비처럼 나도 쉬이 벗어나기는 힘들어 오래도록 그 꽃을 바라보았다. 벌도 나비에게 뒤질세라 꽃을 옮겨 다니며 꽃가루를 온몸 가득히 묻히며 제 본분을 다하고 있었다.

며칠 후, 퇴원하신 어머님을 휠체어에 태워 심곡천으로 산책을 나왔다. 오솔길도 있고 개천을 건너야 하는 징검다리도 있어 한정된 공간에서만 왔다 갔다 했다. 어머님은 꽃을 무척 좋아하셨다. 외모는 구순 할머니지만 꽃을 바라보는 시선은 예닐곱 소녀 같았다. 선홍색 양귀비꽃 앞에서 "어머 어머, 어쩜 저리 예쁘냐." 집으로 가져가 두고두고 보고 싶다고 하셨다. 꽃 앞에서 떠날 줄 모르고 눈으로 담고 계시는 어머님의 모습이 짠했다. 마음 같아선 꺾어 집에 가져다 두고두고 볼 수 있게 해드리고 싶었지만, 사진으로 볼 수 있게 해드렸다. 사진을 볼 때마다 어머님은 며느리가 예쁘게 찍어 왔다며 자랑이 늘어졌다.

다시 찾은 심곡천이 화사하다. 온갖 꽃들이 피고 벌 나비도 꽃마다 찜하며 꽃가루를 날린다. 양귀비꽃이 화려하게 피었건만, 보여드리고 싶은 어머님은 하늘나라로 가셨다. 꽃을 사랑하던 어머님이 안 계시니 양귀비꽃을 봐도 심드렁하다. 어머님 계신 산소에 양귀비꽃이라도 꽂아드려야겠다. 천상에서 보시고 어쩜 저리도 예쁘냐고 예닐곱 소녀처럼 좋아하실 어머님을 기리며.

찢겨진 편백나무

밤사이 일어난 사건들이 궁금해 TV를 켰다. 어항 속 물고기의 밥을 주고 아들 방을 들여다보았다. 공부하랴 학원 다니랴 밤늦게 들어와 고단한지 세상모르고 자고 있었다. 더 잘 수 있도록 이불을 덮어주고 나왔다. 냉장고를 열어 시원한 물 한 잔을 들이켰다. 한 모금의 물이 혈관을 타고 온몸을 순환하는 느낌이 짜릿했다. 이 한 잔이 내겐 약수이다. 창문을 열어 환기하고 소파에 앉아 뉴스를 듣는데 픽! 하고 둔탁한 소리가 났다. 건물이 폭삭 무너지는 굉음 같았다.

반사적으로 소리가 나는 쪽 창문을 열고 내다봤다. 아파트 단지 내 유치원 쪽에서 들리는 소리였기에 유치원이 무너진 줄 알고 유심히 살폈다. 그곳에선 아무 일 없어 보였다. 지붕이 훤히 내다보이는 곳이어서 가지런한 갈색 지붕은 흠집 하나 없이 그대로였다.
내가 잘못 들었나보다고 느끼는 찰나, 119 구급대 사이렌 소리가 급박히 울렸다. 점점 가까이 들리더니 우리 아파트 안으로 들어오는 게 아닌가. "무슨 일이지?" 잠을 자던 남편도 픽 소리를 들었는지 눈을 비비고 나왔다. 무슨 일이냐고 내게 묻지만, 아는 게 없었다. 구급대가 멈춘 곳은 뒷동의 화단이었고, 하얀 실루엣이 길게 누워있는 게 보였다. 여자인 듯싶었다. 소방대원들이 들것을 챙겨 바쁘게 움직였다. 구급차는 다친 사람을 싣고 급히 떠났고, 실루엣이 누워있던 자리에는 편백나무가 칼로 자른 듯 반쪽이 잘린 채 놀란 듯 서 있었다. 높은 곳에서 사람이 떨어진 모양이었다.

구급차에 실려 간 사람이 무사해야 할 텐데, 많이 다치지 않아야 할 텐데, 마음 졸이며 무사하기를 간절히 빌었다. 이른 아침 조용하던 아파트에 구급대 소리는 아파트 주민들의 호기심을 자극했고 삼삼오오 모여들었다. 세세한 내용을 아는 이는 아무도 없었고 경비 초소 앞에서 벌어진 일이라 경비아저씨가 제일 먼저 발견해 119에 신고한 거였다. 누구인지? 무슨 영문인지 몰라 궁금증만 가득할 뿐.

마음이 쓰였다. 다친 사람이 무사해야 할 텐데. 잘못됐으면 어떡하나, 화단에 누워있던 실루엣이 아른거려 괜스레 불안해졌다. 오전 내내 일이 손에 잡히지도 않았고, 눈길은 자꾸만 반쪽으로 잘린 편백나무로 갔다.

흉흉한 소문은 입소문을 타고 삽시간에 퍼졌다. 근처 아파트 주민들까지 잘린 편백나무를 보러 와서 수군거렸다. 다음날에 아파트값이 떨어진다며 누군가 민원이 들어갔는지 관리소에서 반쪽으로 잘린 나무를 파내고 새로운 나무를 그 자리에 심었다. 우리 동 앞에 나무가 바싹 말라 죽어 언제 새로운 나무로 심나 기다리고 있었는데, 죽은 나무를 파내고 반쪽으로 잘린 편백나무를 우리 동 앞에 옮겨 심어 놓았다. 어이가 없었다. 그렇지 않아도 하얀 실루엣이 자꾸 생각나서 괴로운데 옮겨 심어진 나무를 보니 기분이 언짢았다. 애먼 편백나무에겐 미안했지만, 관리소를 찾아가 불편함을 호소하고 치워 줄 것을 건의했다. 아파트의 상황을 모른 조경업체의 실수로 진행된 일이라며 관리소장이 사과를 해왔고, 새로운 나무가 심어지면서 정리가 되었다.

나중에 전해 들은 얘기론 학교에서 친구들에게 뚱뚱하고 둔하다며 왕따와 괴롭힘을 당한 모양이었다. 늦둥이로 낳아 애지중지 키운 딸이라 부모님의 상실감은 이루 말할 수 없어 앓아누웠다고 했다. 학생 스스로 부모님이 걱정하실까 봐 제대로 알리지 못하고, 혼자 삭이며 속 울음을 삼켰고, 부모는 친구들과 조금 다툰 줄로만 알았단다. 아침에 학교를 보내려고 깨우면서 벌어진 실랑이로 말릴 겨를도 없이 갑작스럽게 벌어진 일이라고 했다. 친구들에게 따돌림을 당하며 부모에게조차 털어놓지 못하고, 많은 고민을 혼자서 해결하려 했을, 소녀를 생각하면 참으로 안타깝다. 막다른 생각에 이르렀을 때는 더는 견디기가 어려웠으리

라. 펴보지도 못하고 마지막 선택을 해야만 했던 어린 소녀, 딸 애의 고통을 헤아리지 못한 엄마의 마음은 또 얼마나 아플까. 나도 자식을 키우는 엄마의 마음으로 가슴이 미어졌다.

  왕따가 주는 피해는 엄청나다. 괴롭히는 당사자는 재미로, 친구들 앞에 자신의 세를 내세우기 위해 하는 행동이지만 당하는 사람은 트라우마로 정신적인 상처를 입는다. 세상에 나서는 두려움이 생기고, 대인기피증과 공황장애를 겪는 사람도 보았다. 겉으로 보이는 상처뿐만 아니라 정신적인 피해는 한 사람의 삶을 송두리째 앗아가는 무서운 일이다.

  우리 딸애도 사춘기를 겪으며 친구들 간에 서로를 시기하고 질투하여 큰 싸움이 벌어졌다. 부모들이 학교로 달려갔고 서로 자신들의 아이가 피해자라며 고소해서 우리 아이를 증인으로 세우는 소송까지 갈 뻔했다. 입시를 앞둔 시점이라 내 아이가 싸움에 휘말리는 사태는 막아야겠기에 학교에 정식으로 항의했고, 증인을 서지 않겠노라고 했다. 다행히 항의가 받아들여졌고 학교의 중재로 고소를 취하하고 한 학생이 전학 가면서 마무리가 되었다. 그때를 생각하면 지금도 가슴이 울렁거리고 온몸이 벌벌 떨린다. 또 다른 피해자가 더는 나오지 않았으면 하는 간절한 바람이다.

  찢긴 편백나무 덕분이라도 소녀가 살아있기를 간절히 바라며 왕따도, 괴롭힘도 사라졌으면 싶다.

친구

 흙으로 돌아간 친구를 만나러 가는 길이다. 깊은 산골의 봄은 도시의 봄하고 달랐다. 바람에서 느껴지는 서늘함이 가는 겨울을 놓지 못한 까닭일까, 계곡의 곳곳에 미련을 남긴 채 자리하고 있는 얼음만 보아도 산골의 봄은 딴 세상 이야기 같다. 나오려던 땀이 방울을 맺기도 전에 등줄기를 서늘하게 했다.
 웅장한 소나무 숲길을 따라 숨을 헐떡이며 올라간 곳엔 하늘에 있는 친구의 영혼과 이어 줄 것 같은 탑이 우뚝 솟아 있었다.
 자연으로 돌아가는 게 인생이라지만 준비하지 못한 죽음은 아쉬움과 허망함이 컸다. 친구가 그랬다. 암이라는 독을 이기지 못하고 이생의 삶을 접은 친구, 아직은 젊어 한창이라고 생각하는 나이라 친구들과 가족들의 충격은 오래갔다.
 말기에 발견한 암은 무서운 기세로 친구의 삶을 잠식해 갔다. 몸속에서도 자리가 부족했는지 기세등등하게 겉모습까지 치고 나왔다. 점점 변하는 외형에 병문안도 극구 사양했다. 암과의 사투를 벌이는 친구의 모습을 바라보는 우리도 안타깝고 속상했다. 상태가 나빠지고 있다는 소식을 접할 때는 온종일 일이 손에 잡히지 않았지만 차마 찾아갈 용기도 나지 않았다. 친구의 아픔을 나눌 수 없는 절망감에 지켜보는 우리도 괴로웠다. 병문안이라도 가면 자신 모습이 초라하게 느껴지는지 빨리 돌아가라고 성화였고, 우리가 보이지 않으면 찾는 눈치였다. 어느 날은 항암 치료를 받고 좋아지는 것 같다며 들뜬 표정으로 퇴원하면 김밥을 싸서 소풍 가자고 매일 달력에다 동그라미를 그렸다. 빨간 동그라미가 늘어갈수록 퇴원을 간절히 바란 마음과 달리 천상의 시계와 지상의 시계는 서로 달리는 방향이 엇갈렸다.

  간밤에 꿈자리가 어수선하고 잠을 설친 아침에 걸려 온 부음은 간담을 서늘하게 만들었다. 다리에 힘이 풀려 털썩 주저앉아 일어설 수가 없었다. 눈물이 가슴으로 쏟아져 내렸고, 먹먹함에 숨쉬기가 힘이 들었다. 마음의 준비는 하고 있었지만, 막상 소식을 듣고 나니 슬픔이 복받쳐 몸과 마음이 따로 움직였다.
  자신의 안위보다 옆에 있는 우리를 먼저 생각하던 친구, 큰일, 잔일 가리지 않고 먼저 나서며 행여 친구들 불편함이 없는지 알아서 일을 처리하는 바다 같은 마음을 지닌 친구였다. 자신의 초라한 모습을 보이기 싫어 친구들과 지인들의 연락처를 모두 지웠고, 가지고 있던 사진이며 옷가지 등도 버리고 태워 없애, 주변 정리까지 깨끗이 해놓았다고 언니가 가슴 아파했다.

결혼도 하지 않아 남아있는 가족이라곤 부모 형제뿐이었다. 문상을 받을 손님이 없어 조촐히 치러진 상가는 그 친구의 마지막 가는 길을 더욱 외롭고 쓸쓸하게 했다. 뭐라 할 말도 없었다. 위로해야 할 친구는 이미 이 세상 사람이 아니고, 남아있는 형제들도 살뜰히 보살펴주지 못하고 마음고생만 시켰다고 미안함에 눈물만 하염없이 흘렸다.

우리는 불교의 의식에 따라 친구의 명복을 위해 탑돌이를 시작했다. 한 발 한 발 발걸음을 옮기며 친구의 안식을 위해 기도를 올렸다. 벚꽃이 만발한 경포호를 재잘거리며 걷던 추억도, 오대산으로 등산 가서 길을 잃고 산속을 헤매다, 얼음물처럼 차가웠던 소금강 계곡에 발을 담그고, 물장구치며 놀던 생각도 났다. 이젠 함께할 수 없어 더 소중한 추억이 되었다. 삶과 죽음의 차이는 무엇일까? 천상병 시인은 '이승에서의 삶이 소풍이었다'고 했는데, 그 친구도 소풍이었을까?

산골의 해는 짧아 금세 어둑해졌다. 초행길에 헤맸고, 예상했던 시간보다 친구를 만나는 여정이 길어져 마지막 버스를 놓치지 않기 위해 사력을 다해 뛰었다. 이럴 때 그 친구가 있었으면 시간에 쫓기지 않고 다녔을 텐데, 우리의 머리가 되어 주던 그 친구가 더욱 간절히 생각났다. 우리는 그 친구의 부재를 실감하며 마지막 버스에 간신히 올라탔다. 긴장이 풀려서인지 다리가 후들거렸다.

친구는 이 깊은 곳까지 어떻게 알고 왔을까? 언니에게 이곳 절에 위폐를 안치해달라고 부탁했다고 한다. 그 친구를 통해 들어 본 적이 없는 장소여서 다른 친구가 의문스럽다며, 뱉은 말이었다. 나도 궁금했지만, 답을 해줄 친구는 없었다. 자연에 순응하며 살고 싶은 소박한 꿈을 꾼 게 아닐까? 삶을 놓아버린 지금의 그는 우리에게 어떤 이야기를 해주고 싶을까?

친구와 더 많은 시간을 함께하지 못하고 핑계 대면서 외롭게 했던 지난날이 아쉬웠다. 이제는 친구가 편안히 영면에 들 수 있도록 빌어 주는 일이 우리가 해야 할 일이었다. 딴 세상에서 행복한 삶이 되었으면 하는 간절한 마음이다. 우리도 언젠가는 마주해야 할 마지막이 되는 순간, 소풍 같은 삶이 되었으면 좋겠다.

진짜 사나이

아들이 입대하는 날이다. 아들의 방문을 열었다. 침대에 웅크려 자는 모습이 안쓰러워 차마 깨우지 못하고 다시 방문을 닫았다. 기척 없는 아들의 방에 온 신경을 모았다. 준비해야 할 시간이 촉박해지자 조심스레 깨웠다. 눈을 비비며 일어나는 모습이 짠했다.

낯선 환경으로 가야 하는 아들도 내심 불안한 모양이었다. 제 할 일만 한다. 속이 편하도록 해장국을 끓여서 아들 눈치를 살피며 권했다. 먹성이 좋던 아들인지라 속이 거북하다며 먹지 못하는 게 불안한 듯싶어 가슴이 아려왔다. 새벽부터 동동거리며 차린 밥상은 오롯이 나만의 밥상이 되었다. 속이 비면 멀미를 해서 혼자서라도 밥을 먹었다. 아무것도 먹지 못하는 아들을 두고 나 혼자 먹으려니 맛이 느껴지지도 않았다.

매번 헤어짐은 이렇게 가슴을 저리게 한다. 타지에서 공부하는 아들은 학기마다 부모의 품을 떠났다. 서로 가슴 한구석에 못다 한 얘기를 삼키고 그리워하며 애달파 했다. 이번 헤어짐도 드러내 놓지 못한 애틋함이 있었다.

고속도로를 달리는 내내 아들은 말이 없었다. 남자라면 군대에 가야 진짜 남자가 되는 거라며 열변을 토하는 남편의 말은 허공에 둥둥 떠다니며 차 안 공기만 무겁게 만들었다. 점심을 먹으면서도 속이 좋지 않다며 몇 술 못 뜨는 아들을 보니 걱정이 앞섰다. 논산훈련소가 가까워지니 긴장감에 속이 더 불편해진 듯싶어 물어보지도 못하고 드링크제를 건넸다. 아들은 엄마의 걱정을 덜겠다는 듯 단숨에 마시고 이제 괜찮을 거라며 엄마를 안심시키려 애를 썼다. 짧게 자른 머리가 본인도 어색한지 모자를 깊게 눌러쓰고 연신 머리를 만졌다. 우리도 아들의 짧은 머리가 어색하긴 마찬가지였다.

애써 담담한 척하지만, 훈련소가 가까워지자 더 초조해 보였다. 나도 손에 땀이 나고 몸이 경직됐다. 훈련소 앞의 카페에는 입소하는 훈련병의 가족들과 친구들이 모여있어 빈자리가 없었다. 카페에 들러 잠시 쉬었다 보내려 했는데 쉴 자리도 마땅치 않아 난처한 상황인데 아들이 결심을 굳히고 입소하겠다고 했다.

훈련소에 들어서니 전국에서 모여든 신병들과 가족들이 장사진을 이루고 있었다. 코로나로 연병장에 모이는 것이 금지되어 있어 바로 입대 절차를 밟으라는 안내방송이 반복해서 울려 퍼졌고, 우리 가족도 아들의 군 생활을 응원하며 이별을 준비해야 했다. 마음이 울컥해졌다. 엄마가 눈물을 보이면 아들이 무너질까 봐 애써 담담한 척 몸에 힘을 주었다. 금방이라도 눈물이 쏟아질 것 같아 남편의 손을 꼭 잡았다. 남편도 나와 같은 마음이었는지 내 손을 힘주어 잡으며 안심하라는 눈길을 보냈다.

아들은 운동장을 향해 걷다가 뒤돌아보며 떨리는 음성으로 "다녀오겠습니다!" 외치고 고개를 숙인 채 뒤도 돌아보지 않고 연병장을 향해 달렸다. 그 모습을 보며 참았던 눈물이 왈칵 쏟아졌다. 멀어지는 아들 뒤통수에 대고 손을 흔들며 외쳤다. "사고 없이 건강하게 잘 다녀와!" 그 소리를 들었는지 다시 한번 더 돌아보고 고개를 꾸벅 숙이고 손을 흔들며 멀어져갔다.

우리는 아들이 보이지 않을 때까지 그곳에 서 있었다. 아들이 금세 다시 나타나 손을 흔들 것만 같아 자리를 뜰 수 없었다. 남편이 내 옷깃을 잡아당기며 씩씩하게 진짜 남자가 되어 무사히 돌아올 거라며 가자고 했다. 남편의 위로에 마음이 진정되기는 했지만, 아들이 달려간 곳을 오래도록 바라보았다. 남편은 나오다 말고 연병장이 있는 쪽을 둘러보며 발걸음을 멈췄다. 본인의 군대 생활을 되새기는지 만감이 교차하는 표정이었다.

신병훈련을 마치고 자대 배치되는 날에 아무도 찾아오지 않아 굶을 뻔한 얘기를 해주었다. 퇴소식이 있는 날은 부대에서 점심을 제공하지 않는단다. 가족들이 싸 온 음식을 먹으며 그간의 수고를 위로한다는데, 남편에게는 아무도 찾아오지 않아 식사도 못 하고 황망히 앉아 있었다고. 그 모습을 본 훈련대장이 할머니와 둘이 밥을 먹던 훈련소 동기에게 부탁해 함께 밥을 먹게 해주었다고 한다. 그때를 생각하면 지금도 서글프고 섭섭했던 순간이 떠오른다고 했다. 오늘따라 그때 밥을 먹게 해준 동기가 보고 싶다며 하늘을 올려다보는 남편이 안쓰러웠다. 나는 남편의 손을 꼭 잡아주며 "당신은 내게 진짜 사나이였어!"라고 위로했다.

아들 역시 아빠처럼 진짜 사나이가 되어 돌아오리라 기원하며 잡은 손에 힘을 주었다.

3부

자연

자연은 있는 그대로 바라만 보아도 좋고,
자연은 모든 걸 수용하고 포용한다.

홀로서는 나무
참새의 비행
원미산에 산다
비둘기와 터 싸움
고독한 왕자
갈매기
난(蘭)
까마귀와 방랑자
꽃들의 비애(悲哀)

홀로서는 나무

 핏기 없는 죽음이다. 잎이 무성했는데 시름시름 앓더니, 푸르던 잎이 물기 없이 마른 누런색이 되어 떨어졌다. 앙상한 가지만 허공에 매달려 버티더니 간밤의 비바람에 꺾여졌다. 올봄이 지나도록 싹을 틔우지 못한 나무는 끝내 한 장의 나뭇잎도 올리지 못하고, 뼈대만 남긴 채 고사하고 말았다. 껍질도 엉성한 모습으로 푸석하게 붙어 살짝만 건드려도 나무의 몸체에서 힘없이 떨어져 나갔다. 오가며 바라보는 시선에 안타까운 탄식이 보인다. 관리소에서 영양제 처방이 너무 늦은 듯했다. 허물 벗겨진 주사기만 군데군데 매달린 채 방치되어 흉물스러웠다.

 이곳에 터를 잡은 지도 이십 년이 된다. 처음 입주했을 때 단지의 나무들은 인공적으로 조성해 놓아, 뿌리를 내리지 못해 곧 쓰러질 듯 비실대는 모습이었고, 주위 환경과도 어울리지 않았다. 화단을 꾸며 놓았는데도 융화되지 못하고, 겉도는 듯이 삭막한 느낌마저 들었다. 이제는 제법 잎도 무성해서 산책로는 여름

날의 뜨거운 햇볕을 가려주는 오솔길다운 면모를 보인다. 이 산책로를 걸으면 나무가 주는 편안함이 있다.

처음에는 아파트가 신축이라 건물이 주인이었지만 지금은 숲속에 있는 아파트처럼 주객이 전도되어 나무가 주인이 된 듯하다. 새벽에 산책로를 따라 걷다 보면 나무 동굴 속으로 들어온 느낌이다. 박새, 직박구리와 참새, 까치와 까마귀 비둘기까지 이곳을 터전 삼아 살아간다.

나는 새가 지저귀는 소리를 벗 삼아 아침 운동을 하고, 새들은 산책로에 심어진 풍성한 나무의 열매를 찾아 분주히 먹이 활동을 한다. 저들의 부산한 먹이 활동으로 재잘거리는 새소리가 시끄러웠는지, 창문을 열고 새들을 쫓는 아주머니는 한바탕 푸념을 늘어놓는다. 나무가 있으니, 새들도 있는 게지. 나무가 있는 숲은 사람에게도 이롭고 터전 삼아 살아가는 새들도 더없이 소중할 테니 서로 조화롭게 살아가면 어떨까. 사람에겐 나무가, 나무는 새가, 새들에겐 나무가 필요하니 조금씩 이해하면 좋으련만.

나무 한 그루가 주는 산소는 성인 오십여 명이 숨 쉴 수 있는 어마어마한 양이라고 한다. 우리는 나무에 의존하여 살아가고 있는 셈이다. 내가 사는 곳은 숲까지는 아니래도 녹지 공간이 많다. 식재된 나무들과 건물 옆으로 흐르는 강이 서로 조화를 이루어 조성되어 있다. 산책로로 이어진 샛강에선 왜가리와 청둥오리 한 쌍을 만날 때도 있다. 작은 강에 먹이가 풍부해 떠나지 못하고 사람들의 눈치를 살피며 살아가고 있다. 무리에서 어떻게 벗어난 것인지 궁금하기도 하지만 소통할 수 없으니, 궁금증만 더할 뿐이다. 외로운 왜가리와 청둥오리의 부부애, 물고기를 보는 재미도 있고, 참새와 박새 그리고 직박구리의 요란한 사랑놀이도 엿볼 수 있다. 나무가 있어 새들도 찾아드니 나무의 혜택이리라. 아침 공기는 상쾌하고 새소리는 유난히 청아하게 들린다. 평화로운 시간이다.

한낮에 전기톱이 등장했다. 고사한 나무를 베는 소리가 하늘을 찌를 듯한 굉음을 내며 고요를 깨운다. 안전에 유의하라는 안내방송이 나오고, 구경하는 사람과 일하는 사람들로 북적인다. 앙상한 가지가 흉물스럽다며 민원이 들어와 전기톱으로 베어내는 작업을 하는 중이란다. 커다란 나무가 쿵 하고 쓰러졌다. 아직 살아갈 날이 많은 나무였는데 젊은 나이에 고사한 것이 못내 안타까웠다. 여기로 오지 않고 산에서 뿌리를 내렸다면 어떠했을까, 저렇게 허망하게 말라가지는 않았을 텐데. 온몸이 싹둑싹둑 토막이 나서 5톤 화물차에 실리고 잔가지는 마대 포대에 담겨 실려 나갔다.

나무가 베어진 곳에는 앉은뱅이 그루터기만 남았다. 나무가 있던 자리가 휑하니 이 빠진 듯 허전했다. 그 자리가 허전해서인지 자꾸만 눈이 갔다. 한 뼘을 조금 넘은 나무의 생이 아프게 다가왔다. 사람으로 치면 젊은이 정도 나이일 텐데 뿌리를 내리지 못하고 고사한 거다. 잘 가라. 남은 생도 사람을 위해 쓰일 걸 믿고 혼잣말로 위로를 보낸다.

다음날에는 굴착기가 등장했다. 그루터기만 남은 나무 밑을 파헤쳐서 뿌리째 뽑는 작업을 하고 있었다. 뿌리가 뽑히고 커다란 구덩이를 내더니 새로운 나무가 그 자리를 채웠다. 왜 고사했는지 원인 파악이 안 된 상태에서 나무의 이식이 먼저 진행되었다. 이사 온 나무는 뿌리를 잘 내릴 수 있을까 걱정이 앞섰다. 새로운 보금자리가 만족스러워야 할 텐데. 새로운 환경에 잘 적응하고 이웃 나무들과도 조화롭게 지내줘야 할 텐데. 나무보다 지켜보는 내가 더 조바심이 났다. 부목을 덧대어 주고 거름을 뿌려주면서 이식이 끝이 났다. 제발 무탈하게 뿌리내리고 잘 살아 줘야 할 텐데. 간절한 마음이다.

아낌없이 주는 나무의 동화를 읽으며 인간의 욕심 끝은 어딜까, 생각해 보게 된다. 사람들은 나무에서 많은 혜택을 받으면서도 그 고마움을 모르고 지낸다. 살아있을 때뿐만 아니라, 죽어서까지 제 한 몸을 불사르며 땔감으로, 타고 남은 재로 거름이 되기까지 생을 모두 주고 가는 나무, 인간에게 한없이 고마운 존재다.

 작은 묘목은 거름을 주고 물을 주어 보살펴주지만, 어느 정도 자라면 스스로 뿌리를 내리고 홀로서야 한다. 뿌리 내린 곳이 불편하다고 스스로 이동할 수도 없고, 사는 환경이 척박하다고 불평도 하지 않는다. 바닷가 벼랑 끝이든 높은 산 정상에 홀로 우뚝 서든 그저 주어진 환경에, 인내하고 적응하고 순응하며 뿌리를 내린다. 비바람도 온몸으로 맞아야 하고, 한여름의 뜨거운 태양도 묵묵히 받아 내야 한다. 혹한의 겨울도 견디며 아픔도 옹이로 안고 삭히며 살아간다.

 우리는 나무 그늘의 시원함은 알면서 나무의 고마움은 잘 알지 못한다. 그저 그 자리에 있으니, 말 못 하는 식물이려니, 아무렇지 않게 베고, 꺾고, 부러뜨린다. 그래도 나무는 타박하지 않고 우리에게 모든 것을 내어준다. 몸이 아프면 피톤치드를 받기 위해 숲으로 달려간다. 피톤치드는 몸과 마음을 치유하고 새로운 활력도 높여준다. 숲이 주는 고마운 이로움을 잊지 말자. 여기에 새로 정착한 저 소나무도 한 그루의 늠름한 소나무의 위용을 보여주면 좋겠다. 뿌리를 내려서 우뚝 서 주기만 해도 고마운 존재이리라.

 강원도에 산불이 나서 많은 산림이 탔다. 올해는 경상도에서도 산불이 났다. 수십 년을 가꾸어 온 나무들이 한순간에 사라지고 많은 이재민을 양산했다. 굳건히 버텨온 나무들이 순간의 화마에 잿더미가 되고, 활활 타는 모습은 보면서도 어찌할 수 없는 상황에, 보는 내내 안타까워 탄식이 절로 났다. 그곳을 터전 삼아 살아가는 사람들도 나무가 고사한 산을 바라보며, 무너지는 마음을 어찌 다 헤아릴 수 있을까, 나무를 잃고서 소중함이 더 절실하게 가슴에 와닿는다. 우리 모두 한순간의 잿더미가 되지 않도록 관심을 가져야겠다. 잃고 나서 깨닫게 되는 삶을 반복하지 않기 위해서라도 나무를 보살피고 아끼자.

참새의 비행

아마도 첫 비행이지 싶다. 두려움이 컸을까, 설렘이 컸을까. 사람이든 동물이든 첫 시도 하는 것에 대한 기대와 희망, 초조함과 긴장감으로 온몸의 세포가 곤두서는데 새끼 참새도 그러했으리라.

푸르르! 갑자기 날아든 작은 참새 한 마리가 어깨에 내려앉는다. 순간 깜짝 놀랐다. 놀란 가슴을 진정시키고 자세히 들여다보니 보통 참새보다 작은 갓 부화한 새끼 참새였다. 뽀송뽀송한 솜털에 날개는 채 자라기도 전이었다. 높은 곳에서 비행 연습을 하다 서툰 날갯짓에 때마침 길을 지나는 내 어깨에 비상 착지를 했다. 세상 구경을 처음 나온 참새는 나의 존재가 위험 상황인지, 어떤지를 파악하느라 호기심과 두려움이 가득한 까만 눈망울을 이리저리 굴린다. 고개를 갸웃갸웃 살피던 참새는 본능적으로 몸을 움츠리고 날려고 애를 썼다.

참새는 몸집이 작고 행동이 재빠르며 날쌔서 좀처럼 잡히지 않는 새다. 날갯짓이 서툴러서인지 새끼 참새는 내 어깨에서 팔목으로, 팔목에서 발밑으로 계단을 밟듯 떨어졌다. 참새를 만져보는 일은 처음이었다. 나는 어찌해야 할지 당황스러웠다. 짹짹 소리도 제대로 내지 못하는 어린 참새를 움켜잡기도 조심스럽고, 주위를 둘러보아도 마땅히 도움을 청할 곳도 없었다. 하는 수 없이 두 손을 모아서 참새를 손안에 감쌌다. 보송한 여린 솜털의 보드라움이 그대로 전해졌다. 놀라지 마라. 너를 해치지 않을 테니 혼잣말을 속삭이며 조심조심 안고서 근처의 소나무 가지에 바늘처럼 가는 발가락을 걸쳐 올려 주었다. 아직 다리에 힘이 실리지 않아서인지 균형을 잡지 못하고 휘청거린다. 날아지지 않는 날갯짓만 반복하며 소나무 가지를 붙잡고 한참을 매달려 있었다.

 걸음도 떼지 못한 어린애가 평균대 위에 세워진 것처럼 몹시 위태롭고 불안한 모습이다. 그런 참새가 걱정스러워 난 자리를 뜨지 못하고 한참을 지켜보며 어미를 찾았다. 어미 참새는 어디 있을까? 둘러보아도 어미 참새는 보이지 않았다. 마음졸이며 숨어서 지켜보고 있을까? 아니면 새끼 참새 혼자서 비행 연습을 했을까? 새끼 참새는 먹이를 먹었는지, 어미에게서 버림받은 참새인지 알 수 없었다. 먹이를 구하지 못하면 굶어 죽을 텐데. 어떡하나 별의별 걱정이 앞섰다. 데려다 먹이를 먹이고 내일 다시 제자리에 데려다주어야 하나, 자리를 뜨지 못하고 머릿속만 복잡해졌다. 지켜보는 동안 참새에 대해 이것저것 궁금하여 휴대전화 속 인터넷을 검색해 보았다.

참새는 우리 주변에서 흔하게 볼 수 있는 텃새여서 귀한 대접은 못 받는다. 먹이는 잡식성에 곤충, 나무의 열매나 씨앗, 곡식 등을 가리지 않고 먹어 치운다. 계절이나 사는 곳에 따라 먹이가 달라지며 환경에도 잘 적응해서 살아간다. 한 해에도 여러 번 알을 낳고 새끼를 부화시킨다고 한다. 가을 들판에서는 무리 지어 몰려다니며 곡식을 먹어 치우는 바람에 고민거리가 되기도 한다.

우리나라에서는 유해 조수로 등록되어 있어도 사람에게 직접적인 위협을 주지는 않는다. 겨울에도 추운 환경에 잘 견디어 어떻게든 살아남는 생명력이 질긴 새이다. 먹을거리가 귀한 시절에 동네 오빠들은 가을걷이가 끝난 들판이나 깨밭에 떨어진 낟알을 주워 먹기 위해 찾아든 참새를 그물로 덫을 놓아 잡았다. 잡은 참새를 장작불에 구워 막걸리 파티를 하고 동네 꼬마들은 그 참새고기 한 점을 얻어먹기 위해 장작과 나뭇가지를 줍고, 온갖 잡다한 심부름에 뒤치다꺼리까지 했다.

한창 클 나이에 먹거리가 없으니 참새 굽는 냄새야 말해 무엇 하겠는가. 침만 삼키며 지켜봐야 하는 꼬마들은 애가 탔다. 잘 구워진 뒷다리는 소금에 찍어 오빠들 막걸리 안주로 입에 들어가고 꼬마들은 살이 없는 날개 부위를 쪽쪽 빨며 살코기의 아쉬움을 달랬다. 난 그마저도 새로운 맛에 대한 두려움 때문에, 입맛만 다시고 눈요기로만 만족해야 했다.

참새에 대한 추억을 되살리며 생각에 잠기어 있는데, 엄마와 나들이 나온 세 살짜리 아기가, 넘어질 듯 위태로운 걸음으로 새소리가 나는 곳을 가리키며 쭈그리고 앉았다. 참새를 관찰하는 내 곁으로 오더니 찌찌, 하면서 새끼 참새에게 관심을 보였다. 나는 너무도 반가워 너도 세상 구경 나왔구나, 새끼 참새도 세상 구경 나왔대. 아기에게 참새의 상황을 알려 줬다. 호기심 가득한 눈망울에서 참새를 걱정하는 동지애가 느껴져 위안이 됐다. 우린 한동안 참새의 보호자를 자처하며, 자리를 지키고 참새의 행동을 살폈다. 가는 다리로 휘청거리며 소나무 가지를 간신히 붙들고 눈을 감고 잠을 자는 듯 보였다.

다음 날 아침, 일찍 첫 비행을 나온 참새가 걱정되고 궁금하여 서둘러 집을 나섰다. 참새를 놓아준 소나무 가지를 샅샅이 훑어도 새끼 참새를 찾지 못했다. 굶어서 잘못됐으면 어쩌나, 길고양이에게 해를 입지는 않았나, 내내 걱정스러운 맘이 들었다. 한편으로 비행을 무사히 마치고 그들만의 세계에서 잘 적응하고 있으리라 위안하면서 잘 살아갔으면 하는 바람이다.

걸음이 미숙한 아기도, 비행이 서툰 참새도, 새로운 시작이다. 처음은 누구에게나 생경하고 조심스럽다. 서툴고 어설퍼도 시간이 지나면 익숙해지고 자연스러워질 것이다. 점진적으로 본연의 모습을 되찾아 꿈을 향해 열심히 노력하리라 믿는다.

원미산에 산다

새벽 산길에서 만났다. 가파른 산길을 오르느라 숨이 차던 순간에 박새 한 쌍의 사랑놀이를 지켜보면서 숨을 고른다. 코로나19로 인해 거리 두기가 길어졌다. 감염 확진자가 점점 늘어간다는 뉴스에 사람들과의 교류는 더욱 움츠러들게 하고 만남도 피했다. 집 밖 환경에 조심스러움이 늘어, 내 안의 답답함과 우울감도 쌓여갔다. 사람은 피하고 맑은 공기는 마시고 싶어 새벽 어스름을 안고 산으로 향했다.

인적이 없는 고즈넉함이 좋고, 나 혼자라는 사실에 흡족했다. 혼자 걷는 산길은 자연의 소리를 귀담아들을 수 있고, 교감하기에도 좋았다. 시내 중심에 높지 않은 산이라 새벽 일찍 오니 온전히 나만을 위한 시공간이 되어 준다.

"휘릭시, 휘릭시—" 박새 한 쌍이 이 가지 저 가지를 넘나들며 나 잡아 봐라, 놀이를 하고 있다. 한 마리가 날아가면 다른 한 마리도 따라서 그 옆으로 바싹 다가앉고 다시 한 마리가 날아가니 뒤따라 날며 휘릭시 소리로 즐거운 비명을 지른다. 짝을 찾아 날아다니는 한 쌍의 박새에 미소가 지어진다. 짝짓기 계절인가 보다. 젊은 연인들의 사랑처럼 박새의 사랑도 달콤하다. 서로의 마음이 통한 모양이다. 머리를 맞대고 비비기도 하고, 부리를 서로 부딪치며 뽀뽀하기도 한다. 그들만의 애정행각이 사람 못지 않게 진하다.

박새는 몸집이 참새보다 작다. 날렵하기는 참새보다 빠른 듯 싶고 머리와 등 날개는 흰색과 푸른빛이 도는 망토 차림이다. 배 부분은 하얗고 목에서부터 배까지 검은색의 줄무늬가 있어 마치 넥타이를 맨 신사의 모습이다. 몸집에 비해 꽁지가 길다. 이가지 저 가지를 옮겨 다닐 때마다 꽁지가 위아래로 요동을 친다.

"꿩! 꿩! 꿩꿩!" 갑작스레 숲을 울리는 커다란 울음소리가 들렸다. 숨죽이며 지켜보던 나까지 장끼의 소리에 놀라서 오싹해졌다. 큰 소리로 서너 번 울더니 푸드득 소리를 내고 날아오르고 이내 조용해졌다. 근처에서 사랑놀이하던 박새도 느닷없는 꿩의 소리에 놀랐는지 어디론가 숨어버리고 말았다. 사라진 박새가 다시 나타날까 싶어 잠시 머물러 보았지만 어디로 갔는지 알 수가 없다. 아쉬운 발걸음을 옮긴다. 산새들이 짝을 찾고, 둥지에 알을 낳아 종족을 보존하는 공간, 내겐 휴식을 제공하는 공간으로 이 숲의 다양함이 좋았다.

혼자여서 천천히 내딛는 발걸음에 봄을 여는 나무들의 어린잎을 세세히 관찰할 수 있었다. 꼭 쥐어진 아기 손을 닮은 연초록 잎이 동그랗게 말려 내일을 준비하고 있다. 며칠 전 내린 비에 수액이 잘 전달되었는지 새로 돋은 잎은 제법 넓은 잎을 앞세우고 자랑처럼 뽐내고 있었다. 새싹을 틔우고 있는 여린 잎에 손이 갔다. 아기의 볼처럼 보드라운 솜털이 느껴졌다. 사람이나 동물이나 식물이나 어리고 여물지 않은 것은 귀엽고 사랑스럽다. 모자라도 부족해도 너그러이 봐주게 되는 여유를 가지게 한다. 더 나은 미래가 있을 거란 믿음을 담아서. 따스한 봄볕에 잎이 무성해지고 숲은 우거져 짙은 초록으로 옷을 갈아입겠지.

한 고개를 넘었다. 숨이 가빠 한 모금의 물로 가라앉혔다. 상쾌한 공기를 마시며 심호흡한다. 누적된 피로가 확 풀리는 기분이다. 야호! 소리라도 지르고 가슴에 쌓인 응어리도 토해내고 싶지만, 조용한 숲의 주인들에게 방해가 되지 않도록 마음을 접고 오솔길로 발걸음을 옮겼다.

"구구, 구구~" 산비둘기가 높낮이를 맞추며 슬픈 노래 하듯이 구구거렸다. 가슴을 파고드는 애절한 음색이다. 가까운 나무에 앉아 울어서인지 더 구슬프게 들렸다. 이른 아침부터 저리 구슬피 울어대는 이유가 뭘까. 짝을 찾는 걸까, 가족이라도 잃어버렸나, 산울림에 기댄 산비둘기 소리가 가슴을 저리듯 속을 파고든다. 비둘기의 소리를 알아들을 수 있었다면 좋았을 걸 답이라도 하고 위로라도 해줄 수 있게.

지척에 비둘기 한 마리가 더 앉아 있었다. 구구거리는 비둘기의 간절한 구애를 모른 척하는 것인지, 화답하기 위해 꽃단장을 하는 것인지, 제 몸의 깃털을 부리로 훑고 있다. 그들의 서로 다른 심사를 알 수 없어 바라보는 내 마음만 애간장이 탔다. 박새들의 사랑을 보았더라면 저리 냉랭하지 않았을 텐데. 저들의 밀당이 어서 끝나 다정한 모습의 연인이 되었으면 하는 바람을 보탠다.

부스럭 소리에 곁을 보니 다람쥐가 바싹 마른 나뭇잎을 헤집고 고개를 내민다. 나를 발견했는지 "찌, 찌~"거리며 재빠르게 나무에 오른다. 동료들에게 위험을 알리는지 높은 곳에서 다급하게 울어댄다. 가방을 열어 간식으로 챙겨온 곡물 과자를 적당한 크기로 쪼개어 던져주었다. "가진 게 이것뿐이야 다음에 올 땐 잣이라도 갖다줄게." 혼잣말하며 과자를 던져주고 멀찍이 떨어져 지켜보았다. 나무에서 슬금슬금 내려오더니, 경계를 늦추지 않고 과자를 덥석 물어 다시 높은 곳으로 올라갔다. 과자를 앞발로 받히고 저글링 하듯 돌려가며 맛있게 먹는다. 다 먹고 나서 다시 과자가 있는 곳으로 내려왔다. 이젠 경계가 조금 풀렸는지 그 자리에서 과자를 먹는다.

마지막 과자를 입에 물고 내게 인사를 건네듯 눈망울을 굴리더니, 나뭇잎 사이로 사라졌다. 겨우 내내 먹이 구하기가 쉽지 않아 고단했을 다람쥐에게 마음이 쓰였다. 담엔 견과류라도 더 챙겨와야겠다. 산에 오길 잘한 듯싶다. 나무와 새가 내 벗이 되었다. 그들은 나를 무서운 사냥꾼 정도로 여기겠지만 그들과 함께 공존하며 살아가고 싶다. 이런 내 마음을 산새들이 알아주지 않아도 내 친구로 여기며 자주 안부를 물을 테다. 마음의 부자가 된 듯하다.

 오르막 산길에서 타는 목마름을 해소할 한 잔의 물이 감로수가 되었다. 혈관을 타고 흐르는 느낌에 속이 뻥 뚫린다. 내 안의 답답함이 풀리는 듯도 싶다. 무엇이든 간절할 때 이루어지는 것은 축복이다. 산에서 해방을 맛본다. 내 안의 간절함도 해방이 아니었을까. 코로나바이러스로 인해 가족들과 형제마저도 전화로만 안부를 물어야 했고, 교류가 없는 힘든 시간이 나를 답답하고 우울하게 옥죄어 가둔 게 아닌가 싶다. 산을 찾아 해소되었다.

 이제는 친구들도 만나고 지인도 만나 웃고 즐길 수 있는 편안한 시간이 올 때까지 견딜 수 있으리라. 산을 내려가 친구들과 지인들의 안부라도 물어야겠다. 산새들도, 다람쥐도 짝짓기하며 부지런히 다음 계절을 준비하는 모습에 자극받는다. 나도 편안해질 미래를 위해 준비하는 시간이 되도록 마음을 다잡아 보리라.

비둘기와 터 싸움

태풍처럼 홍수가 집 안으로 들어왔다. 퇴근길 세찬 장맛비를 뚫고 집에 들어서니 난장판이 되어있었다. 순간, 거실 통창을 단속하지 않아 비가 들이친 줄 알았다. 아니었다. 이게 무슨 일이야? 놀란 가슴을 안고 상황을 살폈다. 거실과 베란다는 생활용품들이 둥둥 떠다니고 물은 발등까지 차올라 찰박찰박, 푹신푹신하게 쿠션이 느껴졌다. 마치 내가 물 위를 걷는 마법을 부린 듯한 느낌이었다.

비둘기가 산란을 위해 가져다 놓은 나뭇가지와 마른풀, 둥지 배설물이 실외기 냉각수 구멍을 막았고, 빠져나가지 못한 물은 에어컨 호수가 연결된 틈으로 장맛비와 함께 베란다와 거실로 역류했다. 거실에는 비둘기의 배설물이 섞인 빗물이 고여 악취가 풍겼다. 황급히 구멍을 뚫어 물을 빼내고 깨끗한 물을 뿌려 쓸고 닦기를 여러 차례 반복했지만, 악취는 쉬이 사라지지 않았다. 소독약을 뿌리고, 보일러를 틀어 바닥을 말리며, 냄새를 없애려고 방향제를 뿌려도 악취는 좀체 가시지 않았다.

　아래층으로 물이 흐르지 않은 게 천만다행이었다. 업체를 불러 대대적인 소독을 하고서야 냄새가 제거됐다. 취미로 그려온 그림을 창고에 두었는데 역류로 인해 젖어서 버려야 했고, 보관해 둔 휴지도 모두 물에 젖어 쓸 수가 없었다. 가족사진 액자도 물이 스며들어 얼룩이 번졌다. 배설물에 닿은 살림살이와 아끼는 화구들까지 모조리 버려야 했기에 비둘기만 보면 단단히 마음이 상했다.

　그로부터 비둘기와의 전쟁이 시작됐다. 비둘기가 거리에서 먹이 활동을 하는 모습만 보아도 밉상이었다. 지능이 높은 비둘기라 눈치도 빨라 창가에 앉으려다 말고 소리를 지르면, 멀리 날아갔다 내가 안 보이면 다시 날아왔다.
　부부 금실도 좋아 매번 쌍으로 날아들면서 나의 감시를 피해 실외기 위에서 깃털을 다듬고 애정행각을 벌였다. 나는 수시로 실외기를 살피는 습관도 생겼다. 에어컨을 새로 장만해야 했고, 소파도 버리고 다시 사야 했으며, 베란다와 거실의 마루 장판이 썩어 집도 새로 수리해야 했다. 아끼던 살림살이도 버려야 하는 지경까지 이르고 보니 이젠 비둘기와 견원지간이 되어버렸다. 자고 일어나 유리창을 살피고, 밤새 비둘기가 다녀간 흔적이 있는지 살피게 되었다.

매일매일 비둘기와 쫓고 쫓기는 일상이 계속됐다. 내가 창문을 열면 화들짝 놀라 다른 층으로 날아갔다가 창문을 닫으면 다시 내려와서 애정행각을 벌이는 비둘기를 보면 약이 올라 울화가 치밀 때도 있었다.

우리 집 실외기 난간에 오지 못하도록 단속하자 윗집 실외기에 앉아 놀면서 배설은 우리 집을 향해 싸는지 배설물 흔적이 여기저기 다시 생겼다. 창문을 여니 악취도 풍겼다. 실외기의 배선도 비둘기의 배설물로 인해 삭아서 속살이 드러나 있었다. 불이 날 위험까지 더해지니 안전을 위해서라도 뭔가 조치해야겠다고 마음을 먹고 어떻게 하면 다시 오지 않게 할까? 인터넷을 뒤지고 지인에게 조언을 구하기도 하면서 나름 비둘기 퇴치를 위해 애를 썼다.

그물망을 설치하면 괜찮을 듯싶어 부랴부랴 철물점으로 달려가 사서 덮어씌웠다. 비둘기는 여전히 날아와서 휴식을 취하고 있는 게 아닌가? 실외기를 덮어 발을 디딜 수 없도록 해 놨는데 그물망을 나뭇가지처럼 잡고 서서 비둘기 두 마리가 구구거리며 또 애정행각을 벌이고 있었다. 발코니 난간을 탕탕탕 내리쳐서 울림으로 비둘기를 쫓았다. 강적이었다. 나와 숨바꼭질 놀이라도 하는 것처럼 내 모습만 보이지 않으면 실외기로 내려와 놀고 있었다. 케이블 타이를 사서 촘촘하게 송곳 모양을 만들었다.

날카롭지는 않아도 비둘기의 짧은 다리로 내려서면 몸통을 쑤시는 불편함이 엿보였다. 서너 번 자리를 잡으려다 말고 다시 날아올라 다른 곳으로 날아갔다.

그 후론 우리 집 실외기에 앉을 엄두를 못 내는 듯싶었다. 이제야 내 맘도 편안해졌다. 올해는 제발 나무에다 둥지를 틀고 우리 집에는 얼씬도 말아야 할 텐데. 작년 같은 악몽을 또다시 되풀이하고 싶지 않아 비둘기에게 부탁하고 호소라도 하고 싶은 심정이다. 한 번 부화한 곳을 다시 찾는다는 비둘기의 습성을 알기에 걱정이 앞선다. 또 다른 누군가도 피해가 없었으면 싶다.

이젠 비둘기와의 전쟁을 끝내고 싶다. 서로 공존하는 삶을 영위하기 위해서라도 나의 바람대로 해주면 얼마나 좋을까. 아침에 일어나니 큰 창 난간에 자리한 비둘기가 고개를 갸웃거리며 나의 눈치를 살핀다.

휘이휘이 유리창에 대고 수건을 흔들어 쫓았다. 놀라서 날아가는 비둘기를 보며 "다시는 이곳에 발을 들이지 말아줘, 제발 멀리멀리 날아가다오." 혼잣말이 간절해졌다.

고독한 왕자

일어나자마자 어항 속을 살폈다. 마지막 남은 한 마리조차 보이지 않았다. 열 마리나 되는 열대어가 한 마리씩 사라지더니 유일하게 남은 녀석도 보이지 않아 걱정되었다. 어항을 흔들었더니 구조물 뒤에서 꼬리를 살랑거리며 나왔다. 어항의 물을 들어내고 녀석을 뜰채로 건졌다. 장식물과 어항 모래를 씻어 새로운 물과 함께 넣어줬더니 신나게 헤엄을 친다.

며칠 후, 몸의 색깔이 변해 있었다. 남아있는 한 마리만이라도 잘 키워야겠다고 관심을 주면서 열심히 돌봐 왔는데, 어디 아픈지 밥을 먹지도 않고 구석진 곳에서 꼼짝하지 않았다. 잠을 덜 잤나 싶어 멀리 떨어져 지켜보았다. 한참이 지나도 움직임이 없었다. 걱정스러웠다.

이 녀석을 처음 우리 집에 들일 때 무척이나 설렜다. 색도 노랗고 검은 줄무늬도 선명해서 예뻤으며, 다른 어종들과도 잘 지내는 듯하여 안심하고 있었다. 깨끗한 어항 속에서 한가로이 헤엄치는 열대어들을 보면서 마음의 위안을 얻었다. 아들이 강아지를 키우고 싶다고 떼를 쓰는 것을 남편이 털 알레르기와 개에게 물린 트라우마로 작은 개라도 무섭다며 극구 반대했다. 반면 물고기는 한정된 공간이고 가습기 역할도 할 수 있을 거라며 애들을 설득했다.

가족들 합의로 강아지를 포기하고 열대어를 기르는 쪽을 택했다. 어항을 사고 열대어를 아들 취향에 맞춰 골고루 사 왔다. 며칠 동안은 작고 귀여운 열대어를 보느라 신기해했다. 그들의 몸짓 하나에도 환호를 올렸고, 서로 먼저 먹이를 챙기려고 눈치 싸움도 치열했다. 지느러미를 살랑거리며 헤엄치는 모습은 사랑스러웠다. 반사경 줄무늬를 가진 네온테트라, 금붕어과 배불뚝이 진주린, 온몸이 빨간 정열적인 레드시크릿, 노란 물감을 뒤집어쓴 바나나시크릿, 다람쥐처럼 줄무늬를 가진 다람쥐시크릿 등 보는 재미에 빠져 온 식구가 어항 앞에서 눈을 떼지 못했다.

행복도 잠시, 바라보기만 해도 사랑스럽고 이쁘기만 하던 녀석들이 서로 물어뜯고 잡아먹는 광경을 보게 되었다. 사료를 주지 않아서 그런 줄 알고 넉넉하게 뿌려주었다. 그게 아니었다. 영역 본능이었다. 서로 물어뜯어 약한 물고기를 공격했다. 배만 불룩 튀어나와 있어 아들이 붙여준 별명인 배불뚝이 진주린이 첫 번째 공격 대상이 되었다. 덩치만 크고 바보스러울 만치 순한 진주린의 불룩한 배를 다람쥐 시크릿이 집중 공격하여 몸이 만신창이가 되어 흐물거리며 죽어 갔다. 그것을 시작으로 자고 나면 한 마리씩 또 다른 희생자가 생겨났고 수는 점점 줄어갔다.

한 어항에 같은 어종을 넣어야 하는데 서로 다른 종을 넣은 게 화근이었다. 다람쥐시크릿만 분리하여 가두어 놓고 지켜보기로 했으나, 그것도 허사였다. 얼마나 힘이 넘치는지 가두어 놓은 망에서 탈출하여 물고기들을 또 괴롭히고 있었다. 녀석을 잡으려고 뜰채를 휘둘러봐도 약삭빠른 다람쥐시크릿은 그물망을 이리저리 잘도 피해 숨었다. 물살을 흔들어대니 다른 녀석들도 불안했던지 한쪽으로 몰려 눈만 멍울멍울 뜨고 나를 주시했다. 물을 들어내서 잡으려고 했는데 물갈이를 자주 하는 것도 녀석들에겐 스트레스라고 해서 기다리기로 했다.

어항 속을 살필 때마다 사라지던 열대어들은 이제 마지막으로 다람쥐시크릿만 남았다. 녀석은 커다란 몸집으로 살만 포동포동 쪄서 몸에 난 무늬까지도 옅어졌다. 사라진 열대어들의 사체를 발견하지 못했는데 녀석이 잡아먹은 듯 몸집도 불어 있었다. 먹이를 주지 않은 것도 아닌데, 한숨이 나왔다.

남아있는 그 녀석만이라도 잘 키워보기로 했다. 아들도 매일 어항을 들여다보며 시간 가는 줄 모르더니, 이제는 시들해졌는지 어항 근처에는 얼씬도 하지 않고 도통 관심이 없어졌다. 남은 녀석들도 예쁘지도 않다며 버리고 새로 예쁜 열대어를 사자고 했다. 하지만 살아있는 생명을 죽이는 게 왠지 꺼림칙하게 느껴져서 선뜻 버리지도 못하고 있었다.

모두 외면한 녀석을 남편만 애정을 쏟았다. 먹이도 주고 얘기도 나누며 물의 온도까지 살폈다. 그럴 때면 녀석은 활발히 움직였다. 관심을 주는 주인을 알아보는 듯하여 농담을 건넸다. "열심히 키우세요. 다 자라면 매운탕 맛있게 끓여줄 테니." 했다. 열대어가 듣는다며 말조심하란다. 농담 삼아 한 얘기지만 남편의 열대어 사랑이 지극했다. 난 도저히 녀석을 사랑할 수 없었다. 1센티도 안 되는 작은 물고기가 커다랗게 크고 나니 좀 징그러웠고. 얄미울 정도로 내 눈치를 보는 것도 싫었다. 내가 저를 싫어하듯 저도 나를 싫어하는지 내가 주는 먹이는 먹지 않았다. 아침에도 시들했던 이유가 남편이 아닌 내가 먹이를 주니 반응을 보이지 않았던 거다.

하찮은 미물이라 업신여긴 내게 깨우쳐주고 싶었던 건 아닐까? 이제는 녀석과 화해하고 싶다. 나도 위험한 사람이 아니라고, 너를 사랑하고 싶다고. 살아있는 동안 사이좋게 지내자고.
어항을 깨끗이 청소하고 넣어줬다. 기분이 좋은지 요동을 친다. 기분 좋으냐고 물었다. 알아듣기라도 하듯 다람쥐 무늬를 선명하게 드러낸다. 가장 예쁜 모습으로 보답하고 싶었나 보다. 잘 살아 보자꾸나. 고독한 왕자님!

갈매기

바위에 오래 앉아 바다를 응시했다. 살짝 다가와 수말을 남기는 파도를 보느라 자리를 털지 못하고 있었다. 남겨진 수말도 이내 사라졌다. 살아오는 동안 잊힌 기억 같기도 하다.

어둠이 내리니 갈매기들도 사라지고 부산의 밤은 형형색색의 불빛을 쏟아냈다. 네온사인이 바닷물에 굴절되며 황홀함을 더했다. 어디가 바다이고 어디가 육지인지 구분도 되지 않았다. 불빛이 정적을 내쫓으며 그 자리에 파도를 심기도 했다. 고요함이 일순간 파도에 부서지기도 하고, 다시 숨죽이는 바다로 되돌아가기를 반복하는 부산의 밤바다.

어둠 속에서 한 마리의 갈매기가 끼룩대며 날아오르다 다시 제자리에 앉는다. 다른 갈매기들처럼 귀가하지 않고 왜 저러고 있는 걸까? 무리에서 쫓겨난 걸까? 갈매기도 우리가 위협적이지 않은 건지 날아가지도 않고 곁에서 맴돌고 있었다. 아마 어디서 놀다가 끼니를 놓친 것 같기도 하다. 가방을 뒤적여 먹을 것을 찾아봤다. 마땅히 줄 게 없었다. 미안할 정도로 한참을 난간에 앉아 있던 녀석이 바다 쪽으로 곤두박질쳤다가 이내 솟구쳐 오르더니 어둠 속으로 사라졌다. 늦은 끼니를 해결한 듯했다. 보이지 않는 녀석에게 끼니는 그렇게 해결하는 거라고 당부했다.

불빛들은 검은 바다에 색색의 수를 놓은 듯하고, 멀리 수평선에 일렬로 늘어선 고기잡이 집어등도 밤바다를 하얗게 밝히며 검은 하늘과 대조를 이루어 운치를 자아냈다. 밤바다는 어선들로 인해 잠들지 못하고 까만 밤을 하얗게 새우며 하루를 연장한다. 밤바다를 터전 삼은 어부들의 삶은 얼마나 치열할까. 운치 운운하며 얕은 감상에만 젖어 있을 일이 아닌 것을. 잠 못 드는 밤바다에서 만선의 기쁨이 넘치기를 기원해 본다.

다음날, 바닷바람을 맞으며 바다 유리 잔도를 거닐었다. 아래가 투명하게 내려다보였다. 짙푸른 바닷속 깊이를 알 수 없지만 나를 바닷속으로 끌어당길 것 같은 고소공포증에 소름이 돋았다. 바다 밑을 보지 말았어야 했다. 더 걷지 못하고 내려왔다. 부지런히 하루를 준비하는 갈매기도 바다 위를 낮게 날면서 먹이를 찾는 듯했다. 어제 그 갈매기도 왔으려나. 파도와 바위가 부딪치며 만들어 내는 자잘한 물방울을 바라보며 물멍에 빠졌다.

영도대교가 열리는 시간에 맞춰 자리를 옮겼다. 영도대교는 부산 중구와 영도구를 잇는 동양 최초, 유일한 도개교란다. 최초의 연륙교이자 일제강점기에 군사적 목적으로 가설되었으며, 한국전

쟁 당시 전쟁으로 헤어진 가족들의 만남의 장소가 되어 주기도 한 영도다리, 서민들의 애환과 시대적인 한을 모두 안고 있는 사연 많은 대교란다. 지금은 부산의 기념물로 지정되어 있다고 했다.

도개 행사는 매주 토요일 오후 2시부터 20여 분 진행되는 거라 시간을 놓치면 언제 또 볼 수 있을지 장담하기 힘들어 서둘렀다. 다행히 늦지 않게 도착했고 차량 통제 후에 다리가 서서히 두 쪽으로 갈라지며 바닷길을 열고 있었다. 갈라진 다리가 허공을 향해 서서히 올라가는 과정도 멋지고 우뚝 솟은 모습은 경이로웠다. 우리는 벌어진 입을 다물지 못하고 감탄사만 연신 내뱉었다.

열린 바닷길을 따라 유람선이 물 흐르듯 들어오고 고깃배도 통통거리며 항구로 들어오고 있었다. 갈매기들이 고깃배 주변으로 몰려들어 날고 있었다. 갑판에서 일하던 선원이 생선을 던져주니 갈매기가 물고기를 공중에서 낚아채며 한 마리씩 물고 날아갔다. 선원은 연신 생선을 던져주고 갈매기도 순서를 지키듯 생선이 날아오기를 기다렸다. 신기한 광경에 환호성이 터졌다. 고깃배를 따라 먼바다까지 날아가 끈질기게 뱃머리를 맴돌며 선원들과 함께 돌아오는 갈매기라고 했다. 선원들은 동지 아닌 동지애를 느끼며 물고기를 던져주는 모습이 사려 깊어 보인다. 저들을 악어와 악어새 같은 공생관계라고 해도 되려나. 나도 부산갈매기와 선원들처럼 누군가와 공생하며 사려 깊게 살아 보련다.

난(蘭)

외출에서 돌아오니 집안 가득 향내가 진동했다. 방향제나 향수를 뿌린 적도 없는데, 뜻밖의 향내에 적잖이 놀랐다. 실체를 찾아 여기저기를 살폈다. 코를 이끈 곳은 베란다였다. 난이 단아하게 꽃을 피워 향내를 풍겼다. 겨우내 살피지 못하고 방치했는데 꽃대를 다섯 개나 올려 꽃을 피웠다. 사진을 찍어 자랑삼아 여기저기 실어 날랐다. 향기까지 실어 보낼 수 없어 안타까웠다. 아침에 일어나면 집 안 가득 난향이 은은하게 퍼져 하루의 시작을 상쾌하게 했다.

깊고 진한 난향이 그립다고 무심히 던진 말에 꽃집 친구가 꽃이 피면 향에 취해 정신이 혼미해질 거라며 구해 준 난이었다. 첫 대면은 플라스틱 화분에 심겨 있어 볼품이 없었다. 옮겨 심을 화분을 찾았다. 난에 걸맞은 청자 화분도 아니고, 도자기 화분도 아닌 두루뭉술한 평범한 화분에 난을 옮겨 심었다. 지인은 귀한 난을 볼품없는 화분에 심었다며 핀잔을 주었다. 기품 있는 화분에 심어 난의 품격을 올리라는 의미라 반박하지 않고 피식 웃어넘겼다. 넓은 화분에서 많이 번식했으면 하는 마음으로 분갈이를 해준 거였다. 나는 난 화분에 물을 주면서 튼튼하게 자라고 예쁜 꽃을 피워 달라고 주문했다.

식물도 감정이 있다고 식물학자들은 말한다. 사람처럼 웃거나 눈물을 보이는 건 아니지만 좋은 감정과 싫은 감정을 느끼는 건 분명하단다. 그 예로 같은 조건의 환경을 만들어 음악을 들려주고 칭찬과 격려를 해준 식물은 싱싱하게 자라며 열매도 잘 맺었고, 매일 못생겼다고 면박을 주고 욕을 곁들인 식물은 자라는 게 더디고 열매도 볼품이 없었다고 한다. 식물이 외부 자극에 대해 반응하는 것은 우리 몸처럼 살아있는 세포로 이루어져 있기 때문이라고. 물을 줄 때도 정답게 말을 건네면 더 잘 자란다는 연구 보고도 있다고 하니, 내가 키운 난에 함부로 말하는 것도 삼가야 할 듯하다.

내친김에 상추랑 부추 씨앗도 사다 심어 놓고 아침마다 말 걸기를 했다. 상추는 화분이 작아 크게 자라지 못했으나, 여린 잎 식물처럼 보드라워 관상용으로 만족한다고 위로를 건넸다. 부추는 고무나무에 더부살이를 시켰는데 주눅 들지 않고 당당히 잘 자랐다. 기특도 하지. 제법 자란 부추는 잘라서 반찬의 고명으로 얹어 먹기도 한다. 뿌듯했다. 내가 한 일은 물을 뿌려주며 말 걸기를 했을 뿐이다.

　어린이집에서 양파를 투명 컵에 담아 실험을 한 적이 있다. 매일 같은 시간에 한쪽 양파에는 사랑해, 예쁘다, 잘 자라주면 좋겠어. 라고 얘기를 해주었다. 다른 한쪽은 왜 이렇게 못생겼니, 넌 왜 이렇게 안 자라니 하며 면박을 주며, 두 식물이 자라는 과정을 매일 사진을 찍어 아이들과 함께 관찰했다.

　두 주일이 지난 결과는 놀라웠다. 매일 예쁜 소리만 들은 양파는 순이 많이 자랐고 뿌리도 잘 번식하여 풍성했다. 또 다른 양파는 눈으로 봐도 비교가 될 만큼 뿌리도 잘 뻗지 못했고 순도 짧아 약해 보였다. 아이들도 이제는 식물에 예쁜 말을 해야 한다는 걸 안다. 산책할 때도 나무를 보고 잘 자라라 하고, 예쁘다며 먼저 말을 걸었다. 세상에 존재하는 모든 생명체는 소중하다는 걸 아이들이 알아가는 과정이 무엇보다 감사했다.

　아침마다 난 향기를 맡으며 말 걸기는 지속되었다. 처음엔 꽃이 핀 걸 알아차리지 못해 방향제에서 나는 향인 줄 알았다. 인위적인 게 아닌 그윽한 향이라 방향제 만드는 기술이 많이 발전했나보다 생각했다. 내가 키우던 난에서 나는 향이란 걸 알게 된 순간 형언할 수 없는 감동이 몰려왔다. 아침에 일어나면 난 화분에 다가가 꽃의 개수를 세어보며 인사를 한다. 예쁘게 꽃을 피워

줘서 고맙다고, 고운 향까지 선물 해줘서 더욱 고맙다고. 집안을 온통 은은한 향으로 가득 채우니 가족들도 모두 좋아하며 관심을 보였다.

처음 핀 꽃은 지고 나중에 핀 꽃이 꽃망울을 맺으며 계속해서 그윽한 향을 실어 날랐다. 눈곱만큼 되는 꿀도 꽃대에 맺혔다. 날아와 주는 벌과 나비가 없어 아쉬웠지만, 이쑤시개로 꿀을 따서 입에 넣어봤다. 잠깐의 달콤함이 느껴졌다. 꽃이 말라 힘없이 떨어졌다. 제 소임을 다한 모습에 마른 꽃잎을 물에 띄워 눈에 잘 띄는 곳에 놓아두었다.

잠자리 한 마리가 물 위에 둥둥 떠 있는 듯 보였다. 수분을 머금으면 되살까 싶어 물에 띄웠으나, 소생은 되지 않았고 물을 머금은 채 물속으로 가라앉아 버렸다.

꽃대 하나가 여섯 송이 꽃을 떨구니, 다른 꽃대가 일곱 송이 꽃을 피워냈다. 차례로 다섯 개의 꽃대는 꽃이 지고 피고를 거듭하며 향을 발산했다. 눈만 뜨면 난향에 말 걸기를 하며 행복한 사월을 보냈다.

까마귀와 방랑자

검은 그림자의 군무가 허공을 수놓는다. 저들의 유희가 모래 예술 작품을 보는 듯하다. 회오리바람을 만들기도 하고 성난 파도처럼 몰아치기도 한다. 바람과 묘한 조화를 이루며 질서를 잃지 않는 능란함이 놀랍다. 쉼을 찾아 떠나온 우리는 뜻밖의 까마귀무리 환영이 낯설기는 하지만 저들의 현란한 군무에 발이 묶이고 말았다.

김제 만경 들판에 가을걷이가 끝나면 때를 알고 찾아오는 까마귀 떼들. 현란하게 움직이며 그려내는 그림은 다음 해의 풍요를 점치는 길한 징조이다. 그것을 소임으로 알고 거대한 무리를 이끌고 어김없이 찾아오는 까마귀들이 드넓은 지평선의 주인으로 자리한다. 그루터기만 남은 들판으로 곤두박질치는 듯싶더니 사뿐히 내려앉아 낟알을 쪼아 먹는다.

가을걷이의 부스러기 낟알이 식량이 되고, 그들의 배설물은 다음 해의 기름진 토양으로 바꿔주길 바라며, 풍성했던 가을은 내년을 기약하는 모양새다. 저들의 멋진 곡예비행이 끝나고, 들판에 어둠이 스멀거리니, 활화산이 뭉글뭉글 연기를 피워내듯 매운 연기가 빈 하늘을 채운다. 추수 후에 볏짚을 태워 재를 만드는 과정이다. 우리는 이끌리듯 메케한 연기 속으로 빨려 들어갔다. 하늘과 맞닿아 있는 지평선, 끝없이 넓게 펼쳐진 들판은 평화롭고 풍요로운 듯 보이나 과거에는 아픈 역사를 지녔다.

우리는 당산나무가 보이는 마을로 들어섰다. 농로를 따라 수확한 벼를 말리느라 펼쳐놓고 까마귀 떼를 쫓는 농부 아저씨를 만났다. 긴 그물에 깡통을 달아 놓고 허수아비까지 흔들며 훠이 훠이 외치고 있었다. 길을 묻는 우리에게 안내하며 이곳 역사도 들려주셨다. 일제는 주재소를 앞세워, 농민들로부터 토지를 빼앗다시피 사들였다고 한다.
만경 들판을 일본인 소유 농장으로 점점 확장하면서, 산미 증산 정책까지 펼쳐 농부들로부터는, 갖은 명목으로 곡식을 수탈하였다. 창고를 만들어 수탈한 곡식을 저장해놓고, 부당하게 죄를 옭아매기도 했다 한다. 그 죗값으로 강제 노역을 할당해, 신작로를 만드는 일에 동원했다고도 했다. 들으면서도 형언할 수 없는 비분(悲憤)이 일었다. 그렇게 만든 신작로를 따라, 우마차로 곡식들을 항구로 실어 날라, 배를 이용해 일본 본토로 보내고 또 보냈다 한다. 그 모습을 보는 백성들은, 고픈 배를 안고 울분을 삼켜야 했다니, 어찌 통탄하지 않을 수 있겠는가.

　들판을 가로질러 쭉 뻗어있던 도로가 그때 만들어진 신작로란다. 지금은 확장된 도로라 그때의 흔적은 지워지고 새로운 길이 생겼다. 소작농들은 새경조차 갖은 명목의 공출로 내야 했으니, 풍년은 그림의 떡이고, 잘 지은 농사라도 내 것이 될 수 없기에 속울음을 참아내야만 했다고. 식구들 부양은커녕, 입에 풀칠도 하기 어려운 지경에 이르니, 허기로 세월을 달랠 수밖에 없었다고 한다. 얼마나 고단한 삶이었을지 짐작이 가고도 남음이다.

　최근 일제강점기의 강제 노역했던 기업에, 부당한 노동의 대가를 지급하라는 법원 판결이 났다. 그들은 배상 판결에 불복하여, 우리나라의 경제를 저해하기 위해, 반도체의 핵심부품 수출을 기습적으로 중단했다. 일본의 부품에 의존하던 기업에는, 날벼락 같은 소식으로 온 나라가 술렁거렸다. 우리나라를 과거처럼 좌지우지 흔들겠다는 그들의 속내를 어찌 모르겠는가. 그들의 핍박에도 꿋꿋이 견뎌내며, 독립 의지를 꺾지 않은 우리 민족이 아니던가.

　이제는 쉬 당하지 않으리라. 일본의 대응에 맞서 일본제품 불매운동과 여행 자제가 자발적으로 행해졌다. 그들에게 우리 민족의 단합을 보여주겠다는 의지를 세우고, 행동으로 옮겨 성과를 이루었다. 이것이야말로 애국이고 우리 민족의 저력이었다. 이제 일본도 독일처럼 과거를 반성하고 우리와 상생했으면 좋으련만.

사계절 햇살과 바람이 머무는 들판은 곡식을 재배하기에 더할 나위 없는 조건을 갖추고 있다. 우리나라 식량 자원기지로써 쌀, 보리 등을 재배하는 풍요의 땅이 되었다. 그러나 농부들은 이 땅의 여름을 두려워한다고. 이글대는 태양에 그늘이라고는 찾기 힘들고, 바람도 부딪힐 곳과 막힌 곳이 없으니 거침이 없단다. 제멋에 겨워 불고 싶은 대로 불고, 휘젓고 싶은 대로 휘저으니, 이곳 사람들은 자유의 바람이라 부른다고 했다. 그 바람의 기류에 까마귀의 군무가 현란하게 만들어질 수 있는지도 모르겠다. 만경 들판 자유의 바람 속에 서고 보니, 우리도 바람 따라 거침없이, 막힘없이, 마음대로 휘젓고 다니는 방랑자가 되었다.

어릴 적 보리가 익을 무렵이면 보릿고개 의미도 모르면서, 어른들의 말씀을 따라 고구마나 감자로 끼니를 해결해야 한다는 걸, 눈치로 알게 되었다. 먹을 게 귀하던 시절이고 우리는 한창 크던 시기라 늘 배가 고팠다. 길가의 무밭은 빈속을 채우기에 넉넉했다. 밭 주인에게 들킬세라, 고랑을 기어 하얀 속살이 드러난 무를 뽑아 냅다 달렸다. 풀밭에 쓱쓱 문질러 매운 껍질을 벗겨내고 한입 크게 베어 먹는 맛이라니. 배고픔을 견디던 기억이 아런

하다. 빈속에 무가 속을 아리게 해도 배고픔을 견디는 과정처럼 순응했었다.

배고픔의 서러움에서일까. 먹거리를 필요 이상으로 저장해두어야 안심이 되는 버릇이 생겼다. 고치려 해도 잘 고쳐지지 않는 습관은 그때의 배고픔에서 비롯된 것은 아닐는지.

어린 나이에 도시를 동경했다. 그곳에만 가면 모든 게 넉넉해 보여 웃자랄 수만 있다면 시골을 벗어나 도시로 나가고 싶었다. 훗날 어린 시절에 꾸었던 꿈이 얼마나 허황했는지, 이제는 도회지 생활의 고단함에 지쳐 전원생활이 더 간절해지니, 삶이란 아이러니하기도 하다.

뜻밖에 만난 만경 들판의 까마귀 떼에 기분 전환이 되었다. 마르지 못한 볏짚을 태우는 메케한 연기 같은 시련이 닥칠지라도 거뜬히 이겨낼 수 있을 것 같다. 오늘만은 까마귀 떼와 제멋에 겨운 자유의 바람 같은 방랑자로 남고 싶다.

꽃들의 비애(悲哀)

꽃잎을 삼킨 강은 시치미를 떼고 있다. 바람에 날리듯 떨어져 간 꽃잎은 넋을 뿌리고 강물 속으로 가라앉았다. 천년의 세월을 유유히 흐르던 강은 꽃잎의 전설에 입을 다물고 아무 일 없다는 듯 꿋꿋이 자리를 지키고 있다.

백제 속으로 시간여행을 떠나기 위해 나서는 길은 소풍 가는 초등생처럼 설렜다. 고속도로에 들어가니 차가 막혔고 느리게 가는 도로에 풍경이 눈에 들어왔다. 억새는 바람에 살랑거리며 추파를 던진다. 손을 흔들며 내미는 추파가 싫지만은 않다. 억새의 유혹으로 빠져들고 싶은 가을하늘은 여행길을 들뜨게 했다.

점심을 든든히 먹고 신성리 갈대밭으로 향했다. 작은 바람에도 서걱거리며 교태를 부리는 갈대 위에 영화의 한 장면을 연상하며 몸을 뉘어 본다. 티 없이 푸른 하늘이 살포시 내려앉아 나를 품고, 청량한 가을 날씨와 갈대의 품은 봄날의 햇볕같이 따스하다. 살랑대는 바람도 귓가에 속삭이며 거들고, 등 뒤의 갈대는 여름날 시원한 왕골 돗자리처럼 부드럽다. 갈대의 서걱대는 소리에서 연인들의 속살거리는 밀어를 엿듣고, 사랑을 갈망하는 연인들에게는 은폐물이 되어 주며 아찔한 낭만까지 보태는 갈대들. 연인끼리 왔으면 좋았을 텐데. 일행 중 한 사람이 아쉬움을 토로하고, 나도 고개를 끄덕이며 맞장구를 쳤다. 다음을 기약하며 갈대에 손을 뻗어 이별을 고한다. 돌아가는 길가에 늘어선 억새는 하얀 손을 흔들며 온몸으로 배웅한다.

백제의 사비도성 부소산성으로 향했다. 언덕 같은 산이다. 산이 강으로 둘러쳐져 있지만, 산성의 높이가 낮아 외세의 침입을 막기에 부족해 보였다. 산책로가 잘 다듬어진 사비 길을 따라 걸으며 부여의 마지막 결전을 상상해 본다. 낙화암에서 바라본 드넓은 평야는 풍요로웠던 백제를 대변하는 듯하다. 어쩌면 그 풍요함이 오히려 적들의 표적이 되지 않았을까, 기름진 옥토에서 나는 곡식은 식량이 귀하던 시절의 빼앗고 싶은 품목이었으리라. 백제는 호남평야를 품은 곡창지대로 부소산성에 군창지라는 쌀 창고를 두었을 정도로 백성들의 삶은 넉넉한 편이었고, 외세의 침입에 소홀했을 만큼 군왕도 평안에 안주하여 흥청거리며 위기를 못 느낀 게 아닐까?

신라와 당나라는 백제의 이러한 지리적 여건을 탐내서 침략을 결심했다는 주장도 일리가 있어 보인다. 외적에게 밀려 부소산으로 피신한 후궁과 궁녀들은, 백제의 멸망을 지켜보면서 참담하고 절망적인 상황 앞에 마지막 선택으로 죽음을 맞이했는지 모른다. 적의 손에 끌려가 노예로 사느니 스스로 목숨을 끊는 게 낫다. 라고 백마강 깊은 물에 몸을 던졌다는 슬픈 전설이 서린 곳 낙화암. 이곳 지형을 보고 바위에서 뛰어 내릴만한 위치가 아니라는 주장도 있다.

 백화정 앞에 초등학생들이 수학여행을 온 듯했다. 그들은 무엇이 재밌는지 연신 재잘거리며 시끌벅적하다. 난 그들 무리가 마치 삼천 궁녀가 모여있는 것 같이 느껴졌다. 전설이라지만 궁녀들과 아녀자들은 생사의 갈림길에 갈등했으리라. 풍전등화 같은 나라의 위기에서 선택의 여지 없이 치마를 뒤집어쓰고 한 몸을 날려야 하는 참담함을 어찌 짐작이나 할 수 있겠는가. 재잘거림이 수그러들 즈음에 우리는 백마강을 마주했다. 고요히 흐르는 강물은 우리를 숙연하게 했다. 꽃잎의 한이 서려서일까, 물결도 일렁임을 멈춘 듯했다. 관광객을 태운 유람선이 물살을 가르며 서서히 지나갔다. 그 일렁임만 백마강에 생기를 불어넣고 있었다.

 유람선은 절벽 바위에 새겨진 우암 송시열이 쓴 낙화암이라고 새겨진 글을 보기 위해 타는 것이라고, 우리보다 앞서가던 또 다른 일행들이 큰 소리로 떠들어서 알게 됐다. 우리의 역사는 외세의 침입을 여러 번 받았다. 그때마다 가장 혹독한 대가를 치르게 되는 것이 아녀자와 힘없는 노약자들이다. 병자호란에도 공녀로 끌려가서 멀리 이국땅에서 핍박과 설움을 당해야 했던 여인들은 고국에 돌아와서도 환향녀(화냥녀)라 손가락질받으며 사람대접도 못 받고 그들의 잘못인 양 고달프게 살아야 했다. 일제 치하의 위안부로 끌려가서 갖은 고초를 당한 할머니들도 고국에 돌아왔건만, 아픔을 내어놓고 하소연조차 할 수 없고, 지금껏 일본으로부터도 제대로 된 사과조차 받아내질 못하고 있다.

나라가 지켜주지 못해 겪는 고초이다. 어찌 저들의 잘못이라 탓할 수 있으랴. 지켜주지 못한 우리의 잘못이 아닌가. 그들의 삶이 절망의 무채색이었을지라도, 삶이란 빛과 어둠이 교차 되는 법. 숙명과도 같은 역사의 뒤안길을 걸어 나오는데, 궁녀들의 비통함이 가슴에 전해져 오는 듯하다. 한 서린 그녀들의 넋은 사각거리는 갈대 소리로 되살아날까. 슬픈 밤새소리로 남았을까. 역사의 부침 속에서 이방인의 유린에 속수무책일 수밖에 없었던, 여린 꽃들의 한계점에 연민이 깊어만 간다.

4부

인연

좋은 인연은 삶을 풍요롭게 하고,
함께하는 순간을 소중하게 합니다.

니들이 소리 맛을 으찌 알긋냐
소소한 일탈
할머니도 자전거를 타나요
학생 오케스트라
乙지대
꽃샘바람
자갈치 아지매
밤손님과 금반지
심야버스

니들이 소리 맛을 으찌 알긋냐

쑥대머리 귀신 형용 적막 옥방의 찬 자리에 생각난 것은 임뿐이랴.
보고 지고, 보고 지고, 한양 낭군 보고 지고
오리정 정별 후로 일장 서를 내가 못 봤으니

춘향이 이 도령을 그리워하며 애끓는 마음으로 읊는 옥중가의 한 대목이다. 쑥대처럼 헝클어진 머리에 귀신같은 모습으로, 차디찬 옥방에 앉아 내일 당장 어찌 될지 모르는 그녀의 신세가 처량하다. 판소리 춘향가는 광한루를 배경으로 이몽룡과 성춘향의 신분을 초월한 이상적인 만남과 사랑. 시련을 극복하고 행복한 결말을 이루어 내는 고전 창극이지만 서양의 뮤지컬과 견줄 만하다.

골목이 들썩거렸다. 이웃집 아저씨의 전축에서 들려오던 판소리 다섯 마당(춘향가, 심청가, 흥부가, 수궁가, 적벽가)이 시작되었기 때문이다. 우리는 판소리가 들리면 툴툴댔다. 소리에 대하여 알지 못했고, 누가 판소리에 관해 얘기해준 적도 없었기에 지겹게만 들렸다. 무엇보다 우리와 음악적 취향이 맞지 않은 탓이기도 했다. 소리를 좋아하는 아버지께서는 이 시간을 은근히 기다리시는 눈치였다. 우리가 투덜거릴 때마다 니들이 소리 맛을 으찌 알 긋냐, 시며 핀잔을 주시곤 옆집 아저씨를 두둔하셨다.

쑥대머리 구절이 나오면, 옆집 아저씨는 길게 목소리를 늘어뜨리며 따라 부른다. 볕이 좋은 날에는 마루에 목베개를 베고 누워 소리를 즐겼다. 춘향가가 끝나면 심청가 다음으로 흥부가를 종일토록 틀어대고, 같은 대목 다시 듣기로 무한 반복도 하신다. 의도치 않은 귀 너머로 소리를 외우고도 남음이었다. 제비가 물어다 준 흥부네 박 타는 대목, 발림에 이르러서는 '우르르르르…'를 목청껏 따라 부르며 아저씨의 흥도 절정으로 치달았다. '얼쑤 좋다, 잘한다'를 추임새로 넣기도 하시고, 흥부나 놀부가 된 듯 마룻바닥을 북장단 삼아 내리치기도 하셨다. 그저 흘러나오니 듣는 소리쯤으로 간주하고 무심히 넘겼지만 내 안에 울림이 깊숙이 자리한 것을 나중에야 알게 됐다.

도회지에 나오고서야 이웃 아저씨의 판소리에서 해방될 수 있었고, 그 후에 소리를 들을 기회는 없었다. 그러다 췌장암 수술을 하시고, 요양 중에 계시던 아버지께서 판소리 공연을 보고 싶어 하셨다. 마침, 명창의 공연이 있다기에 아버지를 모시고 국립

극장으로 갔다. 유명한 소리꾼임에도 관객은 많지 않았다. 드문드문 앉은 객석에 젊은 사람은 거의 없고, 앞쪽 자리에 어르신 몇 분이 앉아 계셨다. 평일임을 고려해도 관객이 많지 않은 것이 다소 아쉬웠다.

외국인 두 사람이 뒤늦게 자리에 앉았다. 공연이 시작되자 단아한 모습의 비취색 한복을 곱게 차려입은 명창이 고수의 북장단에 쥘부채를 폈다 접으며 춘향가를 이야기하듯 풀어놓는다. 사랑가를 부르는 명창은 이 도령과 춘향이가 되어 밀당하듯 사랑놀이에 젖게 했다. 아버지께서도 함께 이 도령이 되었다가 춘향이가 되셨다. "얼쑤 좋다! 그렇지! 잘한다!"라고 추임새로 흥을 돋우며 창극에 흠씬 취해 있었다. 옆집 아저씨도 함께 이 공연을 보셨으면 얼마나 좋아하셨을까. 마음이 울컥해졌다. 두 청춘의 사랑가엔 내 어깨도 들썩여졌다. 애절하고도 구슬픈 옥중가 대목에선 춘향이가 되어 시린 눈물도 흘렸다.

열정과 혼신을 다해 피를 토하듯 쏟아내는 명창의 소리에 어찌 반하지 않을 손가. 장장 네 시간에 걸친 소리가 끝나자, 어르신들도 일어서서 우레와 같은 박수를 보냈다. 외국인은 "원더풀! 원더풀!"을 외치고 휘파람을 불며 박수를 보냈다.

우리의 소리를 이해했을까. 설사 언어를 모두 알아듣지는 못했을지라도 명창의 감정이 그대로 전달이 되었음이리라. 쉬이 자리를 떠나지 못하고 오랫동안 기립 박수를 보냈다. 우리 민족의 정서로만 알고 있던 소리가 낯선 이방인에게도 감동을 줄 수 있다는 사실에 새삼 자랑스러웠다. 아버지께서도 매우 흡족해하시며 소원을 풀었다고 하셨다.

언젠가 소리를 하던 친구와 함께 계룡산을 찾았다. 산을 타보지 않던 우리는 동학사에서 갑사로 가는 마지막 고개에서 지쳐서 움직이지 못하고 주저앉았다. 그때 목청을 가다듬던 친구는 소리 한 대목을 걸쭉하게 풀어놓기 시작했다.
진양조장단의 느리면서도 계면조의 서글픈 한이 산을 에두르며 가슴을 저몄다. 골이 깊어서였을까, 한결 더 구성지게 들렸고 한 무리의 등산객까지 가던 길을 멈추고 소리를 들었다. 산속에서 듣는 소리의 울림이 공연장에서 듣던 명창의 울림처럼 가슴속 깊이 내려앉았다. 살면서 힘이 들어 주저앉고 싶은 순간, 단비 같은 응원은 다시 일어설 힘을 얻는다.
우리가 그랬다. 움직일 힘이 없어 주저앉았는데 친구의 소리 장단이 비타민처럼 힘이 되었다. 의외의 장소에서 소리의 울림을 제대로 느끼게 해준 친구가 고마웠다. 귀 너머로 자라는 내내 들어야만 했고, 고향을 떠나면서 들을 수 없었던 소리가 잠재의식 깊숙이 남아있었나 보다. 소리의 여운이 울렁울렁 물결치듯 파고를 일으켰다.

햇살이 창가에 내린 한낮, 쑥대머리를 듣는다. 나는 이 대목이 좋다. 소리꾼의 탁한 음성으로만 들리던 소리가 몸속 깊은 곳에서 풀어내는 한의 울림이었다는 것을 뒤늦게 알게 되고, 아버지와 아저씨가 판소리를 즐겨 듣는 이유란 것을. 듣고 또 들으면서 소리가 주는 깊은 울림에 젖어 든다.

이젠 두 분도 멀리 가신 지 오래다. 북장단에 맞춰 소리를 따라 불러본다. 천상에 계신 아버지와 아저씨는 어설픈 나의 소리를 듣고 어떤 표정일까? 내 안에 체증처럼 억눌러 있던 화도 어설픈 소리로 풀어내면 묵은 감정까지 씻겨 개운하다. 꼭 잘해야만 하는 것은 아니지 않은가? 내가 부르고 즐거우면 되는 게지. 누군가 소리를 묻는다면 한 대목을 멋들어지게 뽑아서 들려주고 싶다.

소소한 일탈

봄이 완연해지는 비가 내리고 있어. 이 비가 그치면 연한 나뭇잎이 짙어지겠지. 활짝 핀 꽃들도 봄비에 고개를 떨구고 식물들도 농부들만큼이나 바빠지겠지. 가로수 고목에도 옹이를 비켜 싹을 올리고, 새순은 가지를 뻗어 세력을 넓히느라 안간힘을 쓰고 있어. 어느 가게 앞 화단 잡풀도 비를 맞으며 풀잎을 바짝 세웠네. 지금 내리는 비를 꽃도, 나무도, 잡풀도 모두 간절히 기다리고 있었던 것 같아.

캐릭터 우산에 노란 우비를 입고 노란 장화를 신은 아기가 엄마를 따라 자박자박 걷고 있었어. 비가 오는 게 좋은 건지, 엄마랑 함께하는 게 좋은 건지, 발걸음이 들떠 보였지. 갑자기 불어온 돌풍에 우산이 뒤집히고 말았어. 아기는 휘청하더니 우산을 감당하지 못하고 손에서 놓아버렸지. 바람이 우산을 획 날려버렸고, 아기 엄마는 우산을 잡으러 달려갔어. 아기도 엄마를 따라 찻길로 뛰어가려는 걸 내가 급하게 잡아 우산을 씌워줬어. 아기는 엄마를 애타게 부르고, 엄마는 바람에 자꾸 달아나는 우산을 잡으러 계속 쫓아갔지.

낯선 사람에게 붙잡힌 아기는 엄마를 애타게 부르다가 그만 울음을 터뜨렸어. 나는 우는 아이를 달래랴 비바람을 막으랴 난감해졌지. 엄마가 우산을 붙잡아오면서 상황은 마무리되었어. 얼떨결에 벌어진 일에 가슴을 쓸어내려야 했지. 아기 엄마가 내게 고맙다는 인사를 하고 우는 아기를 달래며 갔어. 그 모습을 보며 세상일이 순탄하진 않구나 싶었지. 누구든 돌풍과 같은 아찔한 순간이 닥칠 수도 있다는 거지. 작은 도움이라도 줄 수 있어 감사했어. 더불어 산다는 게 이런 거구나 싶더라고.

빗줄기는 더 굵어졌어. 편의점 앞 간이테이블은 의자와 의자를 서로 맞대어 놓았고 테이블도 바람의 변덕으로 흠뻑 젖어 있었지. 바람이 많이 불어 우산을 써도 비를 막아주진 못했어. 신발 속으로 빗물이 자꾸 들어왔지. 걸을 때마다 발바닥이 미끄러워 신발이 자꾸 벗겨졌어. 아예 물웅덩이에 발을 담갔지. 물을 걷어내고 신발을 다시 신으려는데 중심을 잃어 우산을 놓쳤어. 신발을 신지도 못하고 우산을 쫓아가 잡느라 옷은 다 젖었어. 신발은 한 짝만 신어 꼴이 우습게 되었지. 사람들이 쳐다보니 민망하고 창피했어. 눈에 띄는 편의점으로 무작정 들어갔지. 비가 그치기를 바라며 옆 가게 베고니아 화분에 눈길이 머물렀어.

겨울을 견디기 힘들었는지 바싹 마른 몸으로 꽃대만 올리고 한쪽으로 내쳐 있었어. 꽃을 피워내지 못했다면 뿌리째 뽑혀 쓰레기통으로 향했겠지만, 군데군데 달린 꽃이 그나마 베고니아의 명맥을 이어준 듯했어. 단비를 마시고 무성해지길 바라며 비 맞은 나의 모습과 닮아있다는 생각에 피식 웃음이 났어.

채소 가게에 도착했어. 비가 오면 생각나는 음식이 부침개야. 호박 하나 사려고 나선 길에 의도치 않은 상황에 당황스럽지만 그래도 호박은 사야 했지. 오이가 비를 맞고 있었어. 무도 비를 맞으며 선택의 순간을 기다리고 있었지. 평소에 싸게 파는 곳이라 손님이 북새통이지만 비가 와서 그런지 한산했어. 호박을 찾았어. 날씬하고 보기 좋은 호박은 모두 팔리고 못생긴 호박만이 남아있었지. 비가 오니 호박만 팔린다고 버섯도 권하며 싸게 줄 테니 가져가래. 오이와 무도 골랐어. 무게가 묵직해졌지.

돌아오는 길엔 빗줄기가 더 굵어지고 바람도 세찼어. 바닥 곳곳에 물웅덩이가 생겨 빗줄기가 떨어질 때마다 동그라미가 그려지다 사라지곤 했어. 무심히 동그라미를 세어보다가 블랙홀처럼 빨려 들어가는 것 같았어. 휘청거리다가 고개를 저으며 현실로 돌아왔지. 이왕 젖은 신발이라 물웅덩이에 발을 찰박거려 보았어.

비 오는 날이 아니면 해볼 수 없는 놀이에 그냥 즐기기로 했지. 하교하던 초등생들도 나를 따라 물웅덩이에서 찰박거렸어. 함께하니 더 신이 났어. 어린 시절로 돌아간 듯해서 남의 시선은 의식하지 않기로 했지. 신발 사이로 빗물이 스며들어와 걸을 때 뽕뽕 방귀 소리가 났어. 괜스레 민망했지.

우산을 접었어. 젖은 김에 비를 맞아보자는 심산이었지. 채소를 이것저것 많이 사는 바람에 무거워 우산까지 받쳐 들기도 힘들었어. 우산을 접고 나니 오히려 가뿐했어. 지나가는 사람들이 안타까운 시선으로 바라봤어. 비에 젖은 내 모습은 물에 빠진 생쥐 같았지. 그래도 기분은 최고였어. 후련하기도 하고, 뭔가 찜찜했던 일이 풀리는 듯 상쾌했어.

집에 들어와 채소를 팽개치고 샤워를 했어. 따뜻한 물에 피로가 싹 풀렸지. 해보고 싶던 일을 하고 난 만족감이랄까. 잠시 어린 시절로 돌아간 느낌. 오늘 일은 기억에 오래오래 남을 것 같아. 비가 오면 생각날 거야. 추억하나 새겼어.

할머니도 자전거를 타나요

내 인생의 동반자는 자전거다. 시내 어디를 가든 자전거를 타고 다닌다. 시장에 갈 때도 호수공원으로 운동을 하러 갈 때도 출근할 때도 자전거를 탄다. 바람을 가르며 달리면 답답했던 가슴이 뻥 뚫리는 듯하고, 이동하는 시간도 단축되기에 즐겨 타는 편이다.

초등학교를 졸업하고 5킬로가 넘는 중학교에 가려면 걸어가거나 버스를 이용해야 했다. 도보로 한 시간 반 정도 걸리는 거리였다. 교통비도 문제였지만, 매일 그렇게 걸어서 다니기엔 무리이다 싶었는지, 아버지께서는 중고 성인 자전거를 구해와서 배우도록 했다.

졸업식을 앞둔 마지막 겨울방학에 집중적으로 자전거를 배우기 시작했다. 처음 성인용 자전거는 내 가슴팍까지 차서 중압감이 느껴졌고, 올라타기도 쉽지 않아 지지대나 부축을 받아야만 했다. 겨우 타서 페달을 밟으면 한 바퀴도 못가 넘어지고, 다리에 생채기도 나 아프기도 하고 넘어질까 봐 무서움에 울음이 터지고 말았다. 다시 타기가 겁이 났지만, 아버지의 불호령에 앞뒤 재 볼 생각도 없이 무조건 자전거에 올라타고 페달을 밟아야만 했다. 수없이 넘어지고, 올라타고를 반복했더니 조금씩 바퀴가 굴러가는 횟수가 늘었고 점점 자신감이 붙었다.

며칠 후, 제법 먼 길을 달렸고, 혼자서 타고 내리는 걸 반복했다. 다리가 짧아 페달을 움직이려면 한쪽으로 몸을 실어 페달을 돌리고 몸을 반대로 돌려 다른 쪽 페달을 밀어야 한 바퀴를 돌릴 수 있었다. 아버지의 강훈련이 아니면 할 수 없는 일이라 여겨졌다. 포기하지 않고 끝까지 도전하면 결국 해낼 수 있다는 걸, 인생을 살면서 그때의 경험이 큰 힘이 되었다.

내가 자전거를 타면서 자랑을 하자 친구도 나처럼 자전거를 배우고 싶어 했다. 혼자 타기보다 함께 자전거를 타고 학교 다니는 게 심심하지 않을 듯싶어 타는 법을 가르쳐주었다. 친구가 자전거를 타게 되자 그 친구 아버지는 새 자전거를 사 주었다. 번쩍번쩍 빛이 나는 새 자전거를 타는 친구가 내심 부러웠다. 내 중고 자전거보다 훨씬 날렵하여 속도도 빨랐다. 물건을 싣고 다닐 수 있는 내 자전거와 달리 그 친구의 자전거는 경주용 자전거처럼 가볍게 달렸다. 나는 숨이 차게 달려야 했지만, 그 친구는 하이킹하듯이 자전거를 타고 달렸다.

매번 속도에서 지고 나자, 자전거가 타기 싫어졌다. 괜히 자전거 타는 방법을 가르쳐줬다며 심술도 났다. 그런 나의 기분을 알아차렸는지 그 친구는 내 자전거를 타보고 싶다고 했다. 나를 위한 배려라는 걸 눈치로 알 수 있었지만 모르는 척 무거워서 못 탈 거라며 으스댔다. 그 친구도 내 자전거를 타보고 나를 이해했는지, 더 이상의 속도 경쟁은 하지 않았고, 삼 년 내내 우리는 단짝이 되어 자전거로 통학을 함께했다.

이제는 비가 올 때도 한 손엔 자전거 핸들을, 또 한 손은 우산을 들고 탈 정도로 능숙하다. 눈이 소복이 내린 날 출근을 하기 위해 자전거를 끌고 나왔다. 쌓인 눈을 보고 잠시 망설였지만, 자전거를 타고 가기로 했다.

아파트 내에는 눈이 치워져 있어 괜찮았는데 도로변의 사정은 달랐다. 걷기도 힘든 길을 자전거로 이동하기가 쉽지 않았다. 두고 나올 걸 후회가 되었지만 이미 엎질러진 물이었다. 평평한 곳은 그나마 괜찮았는데 경사진 곳에서 자전거가 올라채지 못하고 미끄러지더니 자전거와 함께 고꾸라졌다. 겨울 추위에 두꺼운 외투까지 입어 빠른 대처가 어려웠다.

마주 오던 행인이 넘어지는 나를 보고 더 놀라 소리를 질렀다. 넘어지면서 접질렸는지 허리와 다리가 아팠다. 아픈 것보다 창피함이 더 커서 어찌할 바를 모르고 있는데 행인이 자전거를 세워주고 다치지 않았는지 살펴주었다. 내 나이 또래로 보이는 아줌마여서 하소연하듯 세월 가니 힘에 부치네요 했다. 크게 다치지 않아서 다행이라며 걱정스러움을 가득 담아 위로한다. 마음 씀이 고마웠다. 부딪친 곳이 욱신대고 아팠다. 두꺼운 옷 때문에 생채기는 나지 않았고, 다만 몸 곳곳이 퍼렇게 멍들어 있었다. 자고 난 다음 날에는 통증이 더 심해져 하루를 쉬기로 했다. 사십여 년 자전거 인생에 큰 오점이 생기는 날이었다. 그 후 눈 오는 날만큼은 절대로 자전거를 타지 않는다.

햇살이 좋은 날, 곡예사 못지않게 자전거를 타고 시장에 가는 길이었다. 어린 꼬마가 엄마 손을 잡고 걷다가 자전거를 타고 가는 나를 보고 "엄마 엄마, 할머니가 자전거를 타요. 할머니도 자전거를 탈 수 있나요?" 하고 묻는 거였다. "그럼 그럼, 할머니들도 자전거를 탄단다. 봐, 할머니도 넘어지지 않고 잘 타지?" 할머니라는 말에 꽂혀 자전거 잘 탄다는 칭찬은 달갑지 않았다. 하마터면 자전거에서 내려 따질 뻔했다. 누가 할머니야? 두 눈을 똑바로 뜨고 제대로 보란 말이야. 내가 벌써 할머니처럼 보이냐? 입은 꾹 다물었으나 시장 보려던 마음이 싹 가셨다.

네거리의 신호등 앞에서도 할머니라는 말만 귀에 쟁쟁했다. 상점의 유리창에 비친 내 모습을 살펴보며 의문을 던졌다. 내가 할머니로 보인다고? 내 눈에는 아줌마인데 어떻게 할머니로 볼 수 있어? 자전거 페달을 밟으면서도 내내 "할머니도 자전거를 탈 수 있나요?"라는 말에 꽂혀 머릿속이 어지러웠다. 이제는 자전거를 내려놓을 때가 됐나? 마음은 아직 인생의 중반에 머물고 있는데. 서글퍼졌다. 인생의 주류에서 물러나야 할 때인가?

그날 밤에 거울을 보면서 마사지를 열심히 하다가 손길을 멈췄다. 내 인생의 동반자인 자전거를 내려놓을 일은 아니지. 아줌마도, 할머니도 자전거를 잘 탈 수 있다고 말해 줄 수 있는 마음의 여유가 없었던 게 문제였어. 거울을 던지고 심호흡하며 마음 마사지에 집중했다.

학생 오케스트라

선율은 감미롭고 황홀했다. 연주를 따라 눈을 감고 상상의 세계로 빨려 들어갔다. 잔잔한 호수가 되었다가 힘차게 굽이치는 강물이 되었다. 세찬 비바람이 되기도 하고 왈츠를 추는 발레리나가 되기도 했다.

학생들 재능을 겨루기 위한 오케스트라 연주대회가 열렸다. 아마추어 대회라 관객이 없을 거라며 자리라도 채워주자는 지인을 따라 연주회를 보러 갔다. 우리의 예상과는 달리 빈자리를 찾을 수 없을 만큼 관객이 많았다. 오히려 조금만 늦었더라면 자리가 없어 되돌아갈 뻔했다. 연주회에 대한 설명과 내빈을 소개하고 각 학교를 대표해서 참가한 오케스트라 단원들이 무대를 채우며 순서에 맞춰 연주회가 시작되었다.

연주자의 섬세한 손놀림에 잔잔하게 울려 퍼지는 플룻의 선율은, 마음을 촉촉이 적시며 연주회 속으로 끌어들였다. 바이올린이 길을 안내하고, 비올라, 첼로, 트럼펫이 마중을 나왔다. 뒤이어 웅장한 소리를 내며 타악기가 힘차게 울려 퍼졌다. 때론 잔잔하게 때론 휘몰아치는 듯한 오케스트라의 향연에 빠져 음악을 듣는 그 순간이 너무나 행복하고 삶이 충만해졌다.

연주회장을 찾아다닐 만큼의 여유도 없었거니와, 클래식 음악에 대해 익숙하지 않아 방송을 통해서만 접하는 정도였다. 전문 오케스트라 연주회가 아니라서 가볍게 생각하고 왔는데 무안해질 정도로 연주회가 진지했다. 연주에 임하는 학생들의 열정이 그대로 전해졌다. 연주팀들은 우열을 가릴 수 없을 만큼 수준급의 실력을 보여주었고 관객들조차 숨죽이며 몰입하였다. 연주를 듣는 내내 곡에 대한 해설을 곁들여서 클래식 음악을 잘 모르는 나도 이해가 쉽고 신선한 감동이 더해졌다.

로시니의 〈윌리엄 텔 서곡〉 첼로의 낮은음은 중후하고 엄숙한 음색으로 전해졌다. 클라리넷과 오보에 플룻의 청아한 소리는 머릿속이 정화되는 느낌도 받았다. 금관악기의 우렁찬 소리에는 가슴을 두근두근 뛰게 하는 희열을 느낄 수 있었으며 북을 두드리는 모습과 웅장한 북소리에는 흥분을 감출 수가 없었다.

연주 도중 큰북을 치는 학생이 당황해하며 허둥대는 모습이 보였다. 그 학생의 돌발행동에 관객석에서도 술렁거렸다. 당황한 학생은 급히 무대 밖으로 나갔다. 관객들이 다시 술렁거렸다. 뒤이어 선생님께서 들어와서 상황을 확인하는 듯했다. 북이 찢어진 모양이었다. 연주회를 망칠까 봐 학생은 머릿속이 하얘졌으리라.

다행히 앞쪽에서 연주하는 다른 악기의 학생들은 상황을 모르고 지휘자의 지휘봉을 따라 계속 연주하였고, 관객들은 연주에 집중하지 못하고 어떻게 수습을 하나에 더 조바심을 내는 듯했다. 찢어진 북이 들려 나가고 새로운 북이 들어왔다. 큰북을 연주하는 순서가 아니어서 빠르게 수습되면서 관객들도 안도감에 숨을 내쉬었다. 이어서 그 학생의 순서가 되었는지 자세를 잡고 실수를 만회라도 하려는 듯 열정적으로 북을 쳤다. 마음 졸였을 그 학생만이 눈에 들어왔고 연주회가 끝났을 때 큰북의 소리만이 귓가에 남아 긴 여운을 주었다. 관객들도 우렁찬 박수를 보냈고 환호와 함께 휘파람 소리까지 곁들여 응원을 보냈다.

경합자들의 연주가 끝나고 시상식이 이루어졌다. 그 친구가 속해 있는 그룹이 입상하기를 간절히 바라며 두 손을 꼭 쥐고 있는데, 최고상은 아니어도 차상을 수상하는 영광을 얻었다. 관객도 환호하면서 큰 박수를 보내 주었고, 무엇보다 북을 치던 학생은 선생님과 얼싸안고 어깨를 들썩이며 울고 있었다. 나도 울컥해졌고 다른 관객들도 격려하는 마음으로 더 우렁찬 박수를 보냈다. 잘했다고 어려움을 잘 이겨냈다고. 마음 졸였을 학생에게 힘찬 박수를 보냈다.

그 학생에게는 인생에서 큰 경험이 되었을 것이다. 이번 일을 계기로 더 큰 앞날을 기대해 본다. 잊지 못할 연주회를 선물해 주었고, 클래식 음악에 대해 더 친근감을 느끼게 해준 데 대해 감사를 표하고 싶다.

나는 지금도 어느 연주회에 가든 그 학생이 아닐까 하고 눈을 부릅뜨고 찾는 습관이 생겼다.

乙지대

찻잔에 파문이 인다. 한 통의 전화에 봄을 즐기려던 순간이 멈추고 말았다. 베란다의 봄 햇살이 좋아 허브차를 한 모금 마시려던 참이다. 모처럼의 여유를 방해받고 싶지 않아 받을까 말까? 잠시 고민하는 사이 손이 먼저 갔다. 친척 여동생이다. 어릴 적부터 친자매처럼 자라 온 그녀는 서로의 집을 오가며 지냈다.

오빠들 틈에서 자라 언니가 없어 나를 친언니처럼 잘 따랐다. 허물없이 지내던 사이였지만 결혼을 한 후로는 서로 살기가 바빠 안부 전화만 가끔 하는 정도가 되었다. 이러저러한 사는 얘기를 하다 뭔가 할 말이 있는 듯 머뭇거리더니 조심스럽게 입을 뗀다. 돈을 빌려 달라는 얘기였다. 꽤 큰 액수에 놀라면서 어디에 쓸 것인지를 물었다.

주인이 부동산 시세가 올라서 전세금을 인상해 주길 원한단다. 수심 가득한 목소리다. 갑자기 닥친 일이라 목돈을 일시에 만들기가 버거워 여기저기 손을 내밀어 보는 중이라고, 전세금을 마련하지 못하면 집을 비워 줘야 할 처지란다. 아이들 학교 문제와 턱없이 부족한 지금의 전세금으론 다른 곳으로 옮기는 게 쉽지 않아 이사를 정하지 못하고 전세금을 올려 주기 위해 내게 도움을 청한 것이다.

참으로 난처하고 난감한 일이 아닐 수 없다. 나라도 여윳돈이 있어 선뜻 빌려줄 수만 있으면 얼마나 좋으랴마는 그렇지 못한 내 마음이 무겁기 그지없다. 삶의 가장 기본인 의식주 중의 한 부분이라 얼마나 힘이 들고 고달플까. 그녀의 넋두리가 귓가에 쟁쟁히 남아 마음을 착잡하게 했다.

돈거래 있어서는 남편에게 얘기하기가 쉽지 않다. 그렇다고 몰래 감춰 둔 자금이 있는 것도 아니고 박절하게 나 몰라라 할 수도 없어 보통 마음이 쓰이는 게 아니었다. 하는 수 없이 그녀를 도울 방법을 찾아 지인들에게 연락을 취해 보았다. 돈을 빌리는 것이 쉬운 일은 아니지 않은가, 청하는 나도 민망하고 조심스럽다. 빌려주지 못하는 상대방도 불편하기는 마찬가지다.

그래도 지레 포기하기보다는 시도나 해보자고 마음먹고 몇 군데 전화를 걸었다. 돌아오는 답은 모두 세상살이가 힘겨워 어렵다는 말뿐이다. 사는 데 아무런 장애나 시달림이 없다면 어떻게 겸손을 배우며, 도전과 희망을 품을 수 있겠는가. 하물며 남의 어려운 사정까지 어찌 이해할 수 있으랴.

가뜩이나 취업도 힘든데 코로나19로 인해 더욱 어려워진 서민들의 살림살이야 말해 무엇 하리. 좁아진 취업 문은 청년 실업자를 양산하고 그들은 암담한 미래에 고개를 숙이고 있다.

부모 세대는 또 어떤가? 의학의 발달로 생명 연장이 되고, 백세시대로 미처 노후대책을 마련하지 못한 중장년은 다시 일터로 내몰리는 현실이다. 꺾일 줄 모르는 집값의 고공행진은 서민들의 졸라맨 허리띠를 더 졸라매게 하고 물가는 오르고 벌이는 그대로인 힘없는 서민들. 상처 없는 영혼이 어디 있으랴마는, 겉으로 드러내지 않고 제각기 형태가 다른 상처를 안고 살아가기 마련이다. 이럴 때 도깨비방망이나 복권이라도 당첨되어 해결할 수 있다면 얼마나 좋을까 공연히 실없는 상상을 하며 마음을 다독여 본다.

어릴 적 단칸방에서 여덟이나 되는 식구가 먹고살았다. 먹을 것이 부족했던 시절이라 오로지 한 끼 굶지 않고 끼니를 때우는 것이 가장 힘든 일이었다. 양말은 물론 바지의 무릎이 닳아 주먹만 한 구멍이 나도 천을 덧대고 기워서 입고, 작아지면 동생한테 물려서 입히기도 하며 근근이 생활을 이어갔다.
비록 낡고 초라한 집이었지만 등 따신 아랫목은 여덟 식구의 보금자리였다. 부족한 이불에 여러 형제가 새우잠을 자고 서로의 체온으로 추위를 견디며 이불을 대신했다. 양식이 떨어져 멀건 김치죽과 고구마로 끼니를 때울 때도 있었지만, 가족이 함께라 마음만은 행복했다. 미래의 목표를 오로지 내 집 마련에, 집을 사기 위해 아끼고 저축해야 했던 날들도 희망이 있어 견딜 수 있었다. 그러나 지금의 상황은 암울하다.

  과거의 시간 속으로 사라진 그 시절의 나와 같은 상황이 아직도 진행되고, 그때보다 훨씬 절망적인 현실은 씁쓸하다. 젊은이들은 연애, 결혼, 출산을 포기하는 상황에 이르러 결혼조차 꺼리는 세대로 전락하고 있다. 나라의 살림을 맡고 있는 이들은 자신들의 입신과 기득권에만 혈안이 되어 아픈 서민들의 마음을 어루만져 주지 못하고 있다. 서글픔만 안겨주는 현실에서 가진 것 없고, 힘없는 서민들의 고단한 삶은 끝이 보이지 않는다. 뉴스에서는 연일 서민들의 민생 안정을 외치지만 암울한 현실을 어떻게 극복해 나갈지 염려스럽다.

  며칠 후, 전화로 소식을 보내온 그녀는 목소리가 한결 가벼워져 있었다. 주인하고 타협해서 전세금 인상 폭을 줄이기로 했단다. 정말 잘됐다고 안도의 위로를 하면서도, 삶의 고단함을 애써 감추려 드는 그녀가 마음 한구석에 애잔하게 남았다. 전화를 끊고 나서도 한참 동안 아린 가슴을 쓸어내렸다. 내 주위에는 집 없는 서러움을 겪는 을(乙)지대를 많이 볼 수 있다. 참으로 안타까운 현실이다.

　창밖에 봄비가 내리고 있다. 이 비가 그치고 나면 새 생명이 움트는 봄이 된다. 모든 생명이 긴 동면에서 깨어 기지개를 켜며, 푸르른 새싹을 틔우고 풍성한 계절을 향해 내달리겠지. 어떤 고통에도 출구는 있게 마련이니, 그녀가 새로이 켜는 기지개에 따사로운 봄볕이 머물렀으면 좋겠다. 빗줄기가 굵어져 창문에 묵은 때가 씻기는 것 같다. 그녀의 창문에도 을지대의 설움과 얼룩이 말끔히 씻겼으면 하는 바람이 간절하다.

꽃샘바람

살가운 봄바람이 얼굴을 스치고 지나간다. 춥다고 움츠리던 날이 불과 일주일 전인데, 변덕스러운 꽃샘추위에 껴입었던 옷을 훌훌 벗어 던지고 싶은 따뜻한 날씨다. 갱년기에 이르니 체온이 떨어져 반소매 셔츠를 입기엔 엄두도 나지 않는다.

해가 따갑게 내리쬐는 정오에는 더워 견디기 힘들고, 시간이 지남에 따라 해가 사위어지면 두꺼운 옷을 입어 보온을 해줘야 할 만큼 나의 체온도 꽃샘추위처럼 오르내린다. 조석으로 20도의 기온 차가 나는 날씨, 우리의 인생도 변화무쌍하게 지나고 젊음이 부러워지는 순간을 맞이했다.

무소유를 실천하다 가신 법정 스님의 발자취를 따라 성북동 길상사에 들렀다. 긴 겨울의 움츠림에서 벗어난 시점이라 상춘객이 제법 많았다. 젊은 연인이 앞서간다. 민소매 셔츠에 등판은 맨살이다. 허리까지 올라온 레깅스를 받쳐입어 몸의 굴곡이 그대로 드러나 보였다. 밉지 않은 몸매였다. 젊으니까 가능한 것처럼.

손에 걸쳐 든 얇은 점퍼는 장식처럼 느껴졌고, 마치 세월을 앞서 간 우리를 비웃기나 하는 양 당당하게 앞을 스쳐 지나갔다. 부러움 반, 민망함 반 섞인 눈빛을 교환하며 그들에게서 시선을 떼지 못했다. 파격적인 의상에 한 번, 경건한 마음가짐을 가져야 하는 공간인데 하는 심정으로 또 한 번.

자꾸만 시선이 갔다. 애써 외면하려 했지만, 그들의 행동은 더욱 곤혹스럽게 시선을 끌었다. 꼭 껴안은 듯한 자세 거침없는 서로의 입맞춤. 바라보는 우리가 민망스러울 정도다. 레깅스는 예전과 다르게 의상의 한 분야로 자리매김했지만 정진하고 수도하는 장소에서 굳이 저런 의상을 입어야 했을까? 우리처럼 연식이 있는 세대에겐 낯설었다.

이심전심이었나 또 다른 일행 중 한 분이 우리에게 동의라도 구하려는 듯 큰소리로 "스님들이 수도 정진하는 도량에 오면서 저런 차림이 뭐꼬?" 하시며 혀를 끌끌 찼다.

장소가 특정하니 그분의 말씀도 이해는 갔다. 심신을 절제하며 수양하고 부처님을 모시는 곳이라는 점을 배려했다면 몸의 굴곡이 적나라한 시선을 끄는 옷차림과 애정행각은 무리지 싶었다. 개성이라 항변하면 할 말은 없다. 때와 장소에 맞는 옷차림도 예의를 지키는 하나의 방편 일진대. 장소를 잘못 고른듯싶었다. 한강 변이나 놀이동산이었다면 하는 아쉬움이 남았다. 우리는 논란의 무리에 끼고 싶지 않아 서둘러 발걸음을 재촉하여 느티나무 아래 벤치에서 잠시 쉬어가기로 했다. 새싹이 움트는 연초록 동산의 풍경이 수채화 같다. 절경에 잠시 취해 있는데 그 젊은 처자의 옷차림에 대해 옥신각신하는 아주머니들의 수군거림은 멈추지 않고 계속되었다.

불심이 깊어 보이는 할머니 한 분이 흥분된 목소리에 노기를 가득 채웠고, 우리에게 동의를 구하듯 연신 우리 일행을 보고 말을 하는 게 아닌가. 뭐라 대꾸도 하지 못하고 쓴웃음만 짓고 말았다. 진한 애정행각만 아니었다면, 이해하고 싶었다.

한편으론 젊고 아름다웠던 그 몸매가 몹시 부러웠고 시샘도 났다. 직선은 인간이 만들어 낸 선이고, 곡선은 신이 만들어 낸 선이라지 않은가. 군살 없이 탄탄한 에스라인 그야말로 조각 같은 몸이었다. 날카롭고 냉랭한 시선이 느껴졌는지 서둘러 그들이 절을 떠나면서 소동은 일단락이 되었다.

이곳 길상사는 요정 대원각의 주인이던 김영한이 법정 스님의 무소유를 읽고 감명을 받아 건물 40채와 요정 터를 시주하고 절을 세워 달라고 간청했다 한다. 천억이 넘는 엄청난 금액의 시주였지만 무소유를 설법하고 실천하던 스님에게는 소용 가치를 못 느끼는 일이라 극구 사양했고, 십여 년에 걸쳐 줄기차게 절을 세워달라는 김영한의 간곡한 청을 받아들여, 1995년 대한 불교 조계종 송광사의 말사로 등록하고 스님이 처음 출가한 사찰 순천의 송광사의 옛 이름을 따서 길상사라 명명했다.

70~80년대 군사정권 시절의 비밀 회동 장소이자 요정 문화를 대표하던 대원각이 지금의 길상사가 된 배경이다. 우리는 스님들의 정진 수행에 방해가 되지 않도록 말소리를 죽이며 조용히 산책 삼아 둘러보았다. 겨우내 품었던 눈이 아직 녹지 않은 곳도 있었다. 스님들의 기도 도량이 있어 일반인은 출입 금지 구역으로 표시된 곳을 지나 묵언 선방에 이르렀다.

우리는 적묵당에 들렀다. 평온한 표정과 잔잔한 미소를 짓고 있는 반가사유상의 그림이 벽을 채우고 있었다. 바라보는 시선만으로도 경건해지고 마음이 평안해졌다. 묵언 수행 체험을 해보려고 스님의 가부좌를 따라 벽을 응시했다. 익숙하지 않은 자세가 집중을 방해했고 아무나 참선에 드는 게 아님을 느끼며 그 젊은 남녀를 떠올려 보았다.

법정 스님이 계셨다면 그들은 어떤 대접을 받았을까? 스님이 안 계신 길상사에서의, 서늘하고 냉랭한 꽃샘추위만 느끼고 갔을까? 단순한 복장에서 법정 스님의 무소유를 느껴보려 함은 아니었을까, 번잡해진 생각만 가득해져서 밖으로 나왔다. 법정 스님의 유골을 모신 진영각 내부를 조용히 둘러보며 방문록을 썼다. 스님의 귀한 말씀을 되새겨 본다.

자갈치 아지매

동태가 나를 선택해 달라고 아련히 바라보는 듯하다. 냉동 생선이지만 눈동자가 살아서 금세 일어날 듯 보였다. 크기도 야구방망이만큼 커서 한 마리의 무게가 만만찮아 보였다. 사고 싶은 충동이 일어 지갑을 꺼내려다 멈추었다. 여행 중인데 시장 구경하다 본분을 망각하고 충동 구매를 할 뻔했다. 저렴한 가격에 한번 놀라고 크기에 한번 놀라며, 저 가격이면 한 달 반찬 걱정은 덜 수 있을 텐데. 가는 곳마다 눈길 닿는 곳마다 아쉬움에 생선의 양이 자꾸 아른거렸다.

짐이 생기면 이동이 불편할 걸 생각해 생선 구매는 나중으로 미루고 구경만 하기로 했지만, 자갈치아지매의 왁자한 호객 행위에 귀가 솔깃해졌다. 이곳 자갈치 시장은 항구와 바다가 가까워 생선 가격이 아주 저렴했다.

생선들도 종류가 다양해서 구경하는 재미도 쏠쏠했고, 각종 조개류와 갑각류도 즐비하게 늘어서 싱싱함을 자랑했다. 동죽,

비단조개, 가리비, 전복, 멍게, 소라, 바지락, 홍합, 오징어, 문어, 미더덕까지 없는 해산물이 없을 정도로 종류도 다양하고 가격도 싸다. 집이 가깝다면 매일 들러 사고 싶었다. 살아있는 생물에서부터 냉동된 생선들을 상인들은 푸짐하게 소쿠리에 담아 흥정하기도 하고 행인들을 붙잡으려 애를 썼다. 피조개가 촉수를 내밀고 바닷물이 넘쳐흐르는 수조에서 달팽이처럼 움직이고 있었다.

  그 모습이 신기해서 쳐다보려는데 길을 막고 선다며 뒤에서 큰 소리가 들렸다. 얼른 자리를 비켜주고 조개를 보려는데 생선을 사려는 사람과 상인, 관광객까지 많은 인파로 서 있으려 해도 떠밀려 앞으로 나아갔다.

  상인끼리 자리를 침범했다고 다툼이 일어났다. 억센 부산 아지매 입에서 나는 사투리가 고성으로 들리니 더 억세게 들려왔다. 관광객이 많이 찾는 곳이라며 맞은편 가게 사장님이 중재에 나서고 싸움은 진정되어 갔다. 흥분을 감추지 못한 상인은 잠시 숨을 고르더니 마침 그 앞을 지나는 내게 손을 붙잡고 "이리 오소, 보소, 싱싱합니데이!" 하며 다짜고짜 조개를 비닐봉지에 담아 내게 내미는 게 아닌가?

  얼떨결에 받아 들고 의아한 눈으로 바라보자, "만 원만 주이소." 한다. 앞 손님을 서로 유치하다 생긴 고성이 엉뚱하게 내게 불똥이 튄 게다. 만 원이라는 말에 차마 뿌리치기도 뭣해 돈을 내밀고 봉지를 들었다. 그제야 상인은 기분이 풀리는지 다시 일상으로 돌아갔다. 이렇게 흥정하느라 실랑이가 일기도 하지만 거래가 이뤄지면 서로의 감사한 마음의 정이 오가기도 했다.

　이곳에 오길 잘했다고 생각했다. 생존을 위해 경쟁도 하고, 때론 상생도 하며 상도의를 지키려고 애를 쓰기도 하는 자갈치 시장은 아지매 덕분에 더 활기가 넘쳤다. 자갈치아지매의 삶이 내게도 녹아드는 것처럼 느껴졌고 집으로 돌아가면 나도 저들처럼 치열하게 살아야겠다고 느꼈다. 보는 재미도 있고 사람 사는 냄새가 나는 듯해서 더 좋았다.

　양쪽으로 늘어선 노점 가게들의 각종 바다 생물들을 구경하다 보니 출출해져 생선 구이집으로 들어갔다. 생선 굽는 고소한 냄새가 코를 자극했다. 조금 전에 산 조개를 내밀며 조개탕을 끓여 줄 수 있는지 물었다. 사장님은 잠시 망설이더니 끓여주겠다고 흔쾌히 응했다. 다행이었다. 들고 다니면 거추장스러웠을 텐데. 조개탕과 생선구이를 곁들여 점심을 맛있게 먹고 나니 자갈치 시장이 한 뼘 더 가깝게 느껴졌다.

　갓 잡아 온 생선이 펄떡거리며 몸부림을 치고 있었다. 제 딴엔 살기 위해 담아 놓은 수조에서 뛰쳐나오려고 발버둥을 치다 그곳을 지나는 내 얼굴과 옷에 물이 튀었다. 갑작스럽게 당한 일이라 깜짝 놀라 비명을 질렀다. 수난의 날인가? 상인은 급한 김에 목에 두르고 있던 수건으로 얼굴과 옷에 묻은 물을 닦아주었다. 아지매의 마음 씀이 고마웠다. 그리곤 연신 미안하다며 인사를 건넸다.

예상치 못한 상황에 상인도 나도 당황스러웠고 일부러 그런 게 아니란 걸 알기에 화를 낼 수도 없어 괜찮다고 하고 그 자리를 벗어났다. 축축해진 옷에 신경이 쓰이고, 비릿한 내음이 스멀스멀 위로 올라왔다. 시장을 벗어나 바닷가로 나오니 짭조름한 내음이 얼굴로 확 스쳐왔고, 그 냄새도 익숙해지고 있었다.

자갈치아지매 동상이 우릴 반겼다. 생계를 위해 팔을 걷어붙이고 시장으로 달려 나올 수밖에 없는 상황이었지만 애써 담담한 척 다리를 세우고 쉬고 있었다. 아지매의 고단한 삶도 이제는 빛이 되어 없어서는 안 될 생선처럼 자갈치 시장의 중심으로 우뚝 섰다. 고생했다고 이젠 편히 쉬시라고. 아지매 만세, 자갈치아지매 만세! 외쳐주고 싶다.

이곳 자갈치 시장은 아지매들의 생생한 삶의 현장이었다.

밤손님과 금반지

금이 금값이 되었다. 애들 백일이나 돌엔 금반지가 축하 선물이었다. 지금은 금값이 너무 올라 선물로 주기가 부담스럽다고 한다. 성인이 된 아들딸에게 아기 때 받은 금반지를 건네주었다. 살아오면서 어려운 사정이 생길 때마다 금반지를 꺼내놓고 팔까? 간직할까를 고민했다. 어려운 상황이 닥칠 때마다 갈등했으나, 더 고이 간직해 온 아이들 반지다.

고비마다 잘 버텨내며 간직해 온 보람이 느껴 뿌듯했다. 딸애는 고맙다며 어떻게 쓰면 좋겠냐고 물었다. 이제는 네 것이니 네가 하고 싶은 대로 하라고 했다. 주는 내 마음도 받는 애들도 서로가 흡족했다.

아들이 백일에 친정어머니로부터 받은 금반지를 끼고 울어 대던 모습이 눈에 선하다. 주먹을 꼭 쥔 고사리 같은 하얀 손에 노랗게 반짝이는 금반지가 예뻐 사진을 찍었다. 친척들이 축하 선물로 준 것까지 다섯 손가락에 끼워진 모습을 여러 장 찍고, 손가락을 펴서 반지를 빼내려 하자 자지러지게 울어댔다. 어머니는, 요 녀석 봐라, 귀한 건 알아서 빼지 않으려고 하네, 하시며 잃어버린다고 억지로 빼서 보석 상자에 넣어주셨다. 손바닥에 올려놓았더니 제법 무게가 나갔다. 무탈하고 귀하게 되라는 의미도 담고 있어 내 염원까지 담아 보관해 왔다.

다가구 주택에 전세로 살고 있을 때 집에 도둑이 들었다. 한 집에 열 가구가 살던 곳이라 대문은 항상 열려 있었고, 외부인이 와도 방문객이려니 여겨 의심하지 않았다. 여러 세대가 살고 있으니, 방범에 대해 크게 신경 쓰지 않았고, 이웃 간에 유대감도 좋아 불안하지 않았다.

어느 초가을 새벽에 잠을 자다 서늘한 기운이 느껴져 창문을 닫고 이불을 더 꺼내려고 일어났는데 검은 물체와 맞닥뜨렸다. 장롱을 뒤지다가 부스럭거리며 일어나는 나를 내려다보고 있었던 게다. 너무 무서웠고 순간 여러 생각이 스쳤다. 칼부림이라도 난다면 가족이 다칠 게 뻔했다. 딸애와 아들, 남편까지 모두 자고 있어 안전을 위해 도둑을 무조건 밖으로 내보내야겠다고 생각했다. 베개를 뒤집어쓰고 엎드려서 "아악!" 소리를 질렀다. 도둑은 후다닥 밖으로 뛰쳐나갔고, 나는 벌떡 일어나 빗자루를 집어 들고 불을 켜서 집안을 훤히 밝혔다.

나의 비명에 남편이 놀라 일어났고, 도둑, 도둑하고 외치니 남편이 잠옷 바람으로 쫓아 나갔다. 남편이 나갔을 땐 도둑은 사라진 후였고, 행인 두 사람이 알려 준 방향으로 쫓아갔으나 놓치고 헐떡이며 되돌아왔다. 새벽 시간이라 무리해서 쫓지 않기로 하고 골목의 동향을 살피며 놀란 가슴을 쓸어내렸다.

뒷집 2층 젊은 부부가 창문을 열어 무슨 일이냐고 물었다. 도둑이 들었다고 했더니, 방금 전 자기네 집 마당을 지나 담을 후다닥 넘는 사람이 있어 본인들도 놀랐다며 상황을 전했다. 잠자기 전 문단속을 하고 잤는데, 새벽에 남편이 담배를 피우러 나갔다가 문 잠그는 걸 잊어버려 사달이 난 거였다. 가족도 무사하고 잃어버린 물건이 없어 그나마 다행이었다.

다음날, 파출소에 신고했다. 딱히 도둑맞은 물건이 없어 전화로만 신고가 접수되었다. 아마도 빨아 널어놓은 아기 옷과 기저귀를 보며 돌 반지가 있을 거라 예상하여 타깃이 된 듯싶다며, 또다시 도둑이 올지 모르니 조심하는 게 좋겠다고 했다. 잃어버린 물건이 없어 다행이라고 도둑은 물건을 훔치기 위해 미리 답사하고, 도망갈 길도 미리 알아 둔다는 걸 일러주며, 최근 도난 신고가 급증했다며 문단속을 철저히 해야 한다고 당부했다.

추측건대 남편이 만난 행인 두 사람도 도둑과 공범일 가능성이 높았다. 남편이 골목으로 나갔을 땐 도둑은 이미 보이지 않았고, 행인에게 도둑이 도망간 방향을 물었을 때, 엉뚱한 곳을 알려 주어 쫓아가게 하고, 그사이 도둑이 뒷집의 담을 넘어 도망갈 시간을 벌어준 것 같았다. 뒷집 부부 말에 두 남자는 다른 쪽 골목에 서성이며 우리가 숨 고르기를 할 때도 우리의 동향을 살피고 있었단다. 나중에 남자 한 명이 더 오자 셋이 옆 동네로 사라졌다고. 그제야 그들의 행동에 퍼즐이 맞춰졌다. 자다 깨어 시켜면 물체에 놀랐고 어둠 속에서 본 거라 얼굴을 제대로 알아보지 못해 그 일행이 도둑들이었는지는 알지 못했다. 우리는 얼결에 당한 일이라 미처 거기까진 의심 못 했는데. 헛웃음이 나왔다.

며칠 후에 옆 골목에서 일이 터졌다. 집 안에 있던 귀금속을 도둑맞았다고. 결혼 예물과 돌 반지였단다. 경찰차가 다녀갔고 아주머니들의 입을 타고 소문은 삽시간에 퍼졌다. 우리 집에 왔던 도둑일 거라 짐작만 할 뿐 확인된 건 없었다. 새집으로 이사 온 후로는 도둑 걱정은 없어졌다.

장바구니 물가가 올라 돈의 가치는 더 떨어졌다. 시장을 다녀오기가 겁이 난다. 예산을 계획해서 쓰려고 해도 자고 나면 오르는 물가에 지갑이 점점 얇아지고 있다. 이젠 팔까? 간직할까? 고민하고 갈등할 비상 금반지도 없다. 조금 덜 먹고 아끼는 수밖에. 도둑으로부터 잘 지켜 낸 아들, 딸의 돌 반지를 제 주인에게 돌려주고 나니 뿌듯하다. 어려운 상황 속에서도 고이 간직해 온 반지라 더 보람이 있다. 애들은 도둑 이야기를 듣고 놀라워하며 귀하게 쓰겠다고 했다. 그 마음도 고맙다.

심야버스

 길 위의 인생이다. 김포에서 부천까지 매일 운행하며 다람쥐 쳇바퀴 돌 듯 하루에 16시간 버스를 운전한다. 동트는 새벽에 나와 버스 운행을 위한 차를 청소하고 간단한 정비를 하고 요금함을 챙겨 버스에 오른다. 오늘 하루도 사고 없이 안전하게 마무리할 수 있게 해달라고 기도를 한 후 버스에 올라 승객도 없는 차 내부를 훑는다. 이게 장거리 빨간 버스 아저씨의 하루 시작이다.

 친구를 만나러 김포로 갔다. 오랜만에 만나 그간 서로의 생활이 궁금하기도 하고 이러저러한 얘기를 하다 보니 시간 가는 줄 모르게 밤이 깊어졌다. 집으로 돌아가는 막차를 놓칠세라 부랴부랴 정류장으로 달려갔다. 막 출발하려던 차를 세워 겨우 올라 탔다. 헐떡거리며 버스에 타서 둘러보니 승객은 나 혼자뿐이었다. 막차라 이것저것 가릴 상황이 아니었다.
 사방은 어두웠고, 희미한 노란 전등 불빛이 간간이 보일 뿐, 시골길은 깜깜했다. 내가 탄 버스만이 조용한 시골길을 달릴 뿐 오가는 차들도 뜸했다. 다음 정류장에서도 타는 승객은 없었다. 승객은 나뿐이고 밤늦은 시간이라 불안해지기 시작했다. 설상가상 버스 기사는 버스를 멈춰 세우더니 앞으로 앉으라고 손짓했다. "왜요?" 물으니 "손님이 없으니, 앞쪽으로 앉으세요" 했다.

두려움이 더해지고 말을 듣지 않으면 물리적인 행동이라도 할까 봐 시키는 대로 쭈뼛거리면서 앞쪽에 자리를 잡았다. 버스는 다시 출발했고 다음 정류장에서도 승객은 타지 않았다. 불안감에 버스 기사의 표정만 힐끗힐끗 살폈다. 표정이 점점 심술궂게 일그러지고 있었다. 버스 기사는 잠시 정차하겠다고 하면서 버스를 길 가장자리에 세웠다. 나는 극도의 긴장감으로 온몸이 경직되어 갔다. 도로는 가로등도 없어 캄캄했고 어둠 속에서 보이는 건 평평한 들녘의 고요함뿐이었다.

버스를 세운 기사는 문을 열더니 밖으로 나갔고 버스 뒤쪽 풀숲으로 사라졌다. 버스 비상등 딸각거리는 소리만 들릴 뿐, 나는 초조하고 불안해하며 버스에서 내리지도 못하고 기사가 나타나기를 기다렸다. 기사가 없는 틈을 이용해 도망갈까? 가도 어두운 시골길에서 방향 찾기도 힘든데 어떡하려고? 혼자서 별의별 생각을 다 하면서 내면의 갈등을 겪고 있는데, 잠시 후에 나타난 기사는 표정이 편안해 보였다. 갑자기 차를 세워 미안하다고 사과했다. 볼일을 보고 온 거였다. 좀체 이런 일이 없는데 오늘은 아주 예외적인 경우라며 거듭 사과했다. 그 말에 마음졸인 순간이 안정되었고, 나도 기사님에 대한 오해가 풀려 자연스럽게 살아온 얘기를 나눴다.
　승객이 나뿐이라 버스를 운행하면서 재밌었던 에피소드 얘기도 들려주었다. 다양한 승객들이 타고 내리는 과정에서 아찔한 순간도 있었고, 사고의 위험도 겪으면서 인생을 배워가고 있다고 호탕하게 웃었다. 기사님은 내게 성품이 좋은 분 같다며 이렇게 늦은 시간에 어디를 다녀오는 길인지를 물었다. 친구를 너무 오랜만에 만나서 얘기를 하다 보니 시간 가는 줄 몰랐고 하마터면 마지막 버스를 놓칠 뻔했다고 하자, 기사님이 다른 날보다 컨디션이 좋지 않아 미적거리는 바람에 5분 늦게 출발했다고 했다.
　그 바람에 내가 탔고 태우면서 늦게 출발하길 잘했다고 생각했다는 게다. 기사님이 정상적으로 출발했었다면 나는 밤길을 걷거나 친구에게 신세를 져야 했을 것이다. 밤에 승객 없이 혼자 운전하면 무섭지 않으냐고 물었다. 매일 오가는 길이라 무섭기보다는 심심하다고 했다.
　다음 정거장에서도 승객은 없었다. 원래 이렇게 승객이 없는지 물었더니 시골은 밤이 길어 일찍 귀가하기 때문에 늦은 밤에는 손님이 거의 없고, 시내 중심부로 나가면 승객이 있을 거라 했다. 기사님의 말이 옳았다.
　시내로 들어서니 승객이 하나, 둘 타기 시작했고, 가로등도 환해서 버스는 시내버스처럼 느껴져 편안했다. 기사님은 짐을 무겁게 들고 타려는 아주머니 승객의 짐보따리를 들어 올려주는 자상함까지 보였다. 고마운 사람이었는데 친절한 기사님을 잠시 오해했던 순간이 미안해졌다.

밤늦은 시간이라 술에 취한 손님이 탔다. 얼마 못 가 버스에 그만 토하고 말았다. 역한 냄새가 차 안으로 퍼졌다. 기사님은 차를 도로 가장자리에 세우고 승객들을 잠시 하차하게 했다. 청소 도구를 챙겨와 씻어내고 소독제를 뿌리면서 대충 마무리가 되었다. 우리에게 기다려줘서 고맙다고 인사를 건네며 다시 버스에 오르도록 했다. 대여섯 명의 승객은 투덜거리는 사람 없이 묵묵히 기사님의 행동을 지켜보았고, 오히려 불평 없이 일을 마무리하는 기사님에게 승객들이 수고하셨다는 인사를 건넸다. 취객은 인사불성으로 무슨 짓을 했는지도 몰랐다. 오히려 술주정까지 해대며 어깃장을 냈다. 기사님은 술주정까지 유쾌하게 받아치며 취객과의 실랑이를 해결했다.

부천이 가까워지면서 손님들도 하나둘 내리고 남은 승객은 나뿐이었다. 또다시 기사님과 나만 남았지만, 이제는 무섭지 않았다. 부천까지 오는 내내 여러 대화를 나눴고, 버스의 상황을 봐 왔기에 얼마나 수고롭고 따뜻한 마음을 가진 분인지. 고맙고 또 고마웠다. 기사님은 내가 내리는 것을 아쉬워하면서 오늘은 심심하지 않아서 피곤한 줄도 모르겠다고 했다. 친구를 만나러 가게 되면 또 막차를 타라고 농담도 건넸다. 기분 좋은 귀갓길이었다. 살만한 세상이지 않은가.

해설

자아 성찰의 발현
―전해미의 수필집 『블랙코미디』를 읽고

박희주(시인·소설가)

해설

자아 성찰의 발현
―전해미의 수필집 『블랙코미디』를 읽고

박희주(시인·소설가)

필자가 전해미 작가를 알게 됨은 십수 년 전 어느 문예지가 개설한 소설 창작 강의에서였습니다. 당시의 전해미는 젊고 건강미가 넘쳤으며 라캉이 말한 '타인의 욕망을 욕망'하는 범주에 속하여 강의를 듣는다고 볼 수 있었지요. 강의를 맡은 필자는 그 욕망을 부추기고 채워주려는 존재나 다름없었습니다. 내가 과연 소설가가 될 수 있을까? 일주일에 두 시간씩. 미래의 소설가를 꿈꾸던 그들의 눈망울엔 설레는 욕망이 가득했습니다. 그렇다면 대부분 사오십 대 여성이었던 그들의 '타인의 욕망을 욕망'하는 글쓰기, 그것이 시나 수필, 소설이 됐든지 간에 왜 시간을 투자하여 즐겁기는커녕 고통스럽기만 한 글쓰기를 선택했던 걸까요?

그건 살아갈수록 미미한 자신에 대한 존재 의미를 회의하다 '나는 이런 사람이다'라는 정체성을 드러내고자 하는, 한마디로 인생을 업그레이드하려는 방편이지 않았나 생각합니다. 글을 씀은 나의 사상과 세계관을 주변에 알리고 때론 동의를 얻길 바라는 심리가 숨어 있지요. 그러나 전해미는 필자를 통해 소설을 이해하기 전에 이미 국문학을 전공하고 일상의 경험이나 여러 사회 현상, 자연을 소재로 글을 써왔다는 사실을 부천신인문학상 수필 부문 당선을 통해 알 수 있었습니다. 일테면 소설은 문학의 영토를 확장하려는, 새로운 도전이었던 셈입니다.

신인상에 당선된 후 십 년. 필자가 아는 바로 작가라면 누구나가 등단 전후에 의욕이 넘치기 마련이어서 작품을 쏟아내는 게 일반적인 현상인데, 사십 중반에 여러 우여곡절을 경험하여 쓰고 싶은 얘기가 많았을 전해미는 수필의 스승이랄 수 있는 최숙미 작가의 질타나 동료들의 의아한 시선에도 아랑곳하지 않고, 항상 느긋함을 견지하여 내놓은 작품은 과작(寡作)에 불과했습니다. 누가 봐도 한다면 하는, 불뚝 성질의 소유자치곤 참으로 의외였습니다. 십 년이면 다른 작가들로선 두세 권은 족히 나왔을 시간입니다. 그렇게 된 데는 지나칠 정도로 완결성을 추구하려는 결벽 심리가 작용하지 않았나 싶습니다.

그러나 한정 없이 미루지 못하는 또 다른 일면인 여림이 작용했습니다. 뒤끝 없고 배짱 두둑한 전해미를 아는, 그래서 유명해져 버린 불뚝 성질머리가 여리다니요? 그것은 전해미의 다른 사람과의 관계에서 여실히 드러납니다. 아니다 싶어 화를 불뚝 냈다가도 그 대상을 금방 이해하고 안타까워하며 따뜻한 정을 주기를 주저치 않는 여린 감성의 소유자거든요. 불뚝 성질이 도발적으로 보이지만, 악의가 전혀 없다는 점은 그네를 아는 이들은 다 아는 사실입니다.

이번 수필집, 생애 최초의 저작은 누구도 아닌 자신에게 미안하여 더는 미룰 수 없다고 판단하지 않았나 싶기도 한데… 부천시 문화예술발전기금 선정이 아니었다면 더 미루었을까요? 장담컨대 올해도 기약하지 못했으리라 확신합니다. 자신을 재촉할 수단으로 기금을 신청했고, 더는 자신을 옴짝달싹하지 못하게 환경을 조성한 후 책을 묶게 되었겠지요.

필자는 몇 해 전 어느 문예지에「해미」라는 짧은 소설을 발표했습니다. 전해미가 우스개로 얘기한 내용을 바탕으로 한 작품이지요. 제자를 소설의 등장인물로? 더군다나 실명으로? 처음 있는 일입니다. 그만큼 독특한 캐릭터라는 얘기도 됩니다. 이름도 바꿀 필요를 못 느꼈고. 다음은 불뚝 성질을 나타내는 부분입니다.

열차가 출발했다. 해미는 이왕 떠난 길이니 좋게 생각하자며 잠을 청했다. 그런데 뒤에서 전화하는 소리가 큰소리는 아니었으나 귀에 자꾸 거슬렸다. 아까 언뜻 봤을 때 긴 생머리를 늘어뜨리고 전화기를 귀에 대고 있던 아가씨였다. 곧 끝나겠지. 광명역에 잠시 정차하여 승객을 태우느라 술렁이는 거야 어쩔 수 없는 일이라지만 다시 출발했는데도 아가씨의 소곤대는 소리는 여전했다. 눈은 계속해서 감고 있었으나 속이 다시 부글부글 끓었다. 잠이 올 리 없었다. 참으려니 얼굴까지 벌겋게 달아올랐다. 그때 형배와 재숙이의 키득대는 소리가 다시 들렸다. 해미는 급기야 일어나 소리를 빽 질렀다.

"야, 너희들 조용히 못 해! 그따위 연애질하려거든 너희 단둘이 있을 때 해. 잠 좀 자려니까 당최 시끄러워서 못 자겠네."

삿대질은 재숙이와 형배에게 했지만, 해미가 눈을 치켜뜨고 쳐다보는 쪽은 뒷좌석 아가씨였다. 그 아가씬 아닌 밤중에 홍두깨를 만난 격으로 후다닥 전화기를 얼굴에서 내렸다. 모든 승객이 해미를 향했다. 전혀 성질낼 성싶지 않은 얼굴인데. 열차 안은 물을 끼얹은 것처럼 순식간에 조용해졌다. 그러자 해미는 씩씩대던 얼굴로 승객들을 쓱 훑어보고는 기고만장하여 자리에 앉아 다시 눈을 감았다. 아무 소리도 들리지 않았다. 화가 조금은 가라앉은 기분이었다. 그러나 잠은 쉽게 오지 않았다.

그러지 않아도 택시기사와 시비가 붙어 열이 뻗쳤던 판에 열차를 타자마자 뒷좌석에서 아가씨가 전화로 소곤대는 소리와 연애질에 빠진 두 친구가 거슬려 거침없이 성질을 부려대곤 잠에 빠졌던 해미. 뒤의 상황은 어떻게 됐을까요? 열차 안을 숨죽이게 만들어놓고 드르릉, 드르릉, 코 고는 소리가 그야말로 장난이 아닙니다. 물론 소리의 장본인은 해미지요. 아무도 해미의 기차 화통 같은 콧소리를 제지하지 못합니다. 더러운 성질머리를 봤기 때문이겠지요. 이윽고 열차가 도착하여 잠에서 깬 해미가 승객들이 자신을 바라보는 이상한 낌새를 눈치채고 같이 간 친구에게 조용히 물어 사태를 파악합니다. 아차, 이게 무슨 창피냐! 내가 원인이었습니다. '너나 잘하세요'라는 말을 들어도 싼 사태를 일으킨 장본인이 자신임을 깨닫고는 쥐구멍에라도 들어가고 싶습니다.

이 쥐구멍, 피난처가 바로 전해미의 글쓰기가 아닐까요. 필자는 이 수필집을 꼼꼼히 들여다보며 작품의 소재가 인간사의 다양한 모습이든, 고향이든, 사물이든 결국은 자신의 가치관과 세계관을 내보이면서 성찰하는 모습을 발견하고 '자아 성찰의 발현'이라 규정지었습니다. 이 모습은 「심야버스」에서도 잘 드러납니다. 소설 「해미」는 전해미의 성격을 잘 드러내지만 「심야버스」에서는 실수할 뻔한 장면입니다.

내가 탄 버스만이 조용한 시골길을 달릴 뿐 오가는 차들도 뜸했다. 다음 정류장에서도 타는 승객은 없었다. 승객은 나뿐이고 밤늦은 시간이라 불안해지기 시작했다. 설상가상 버스 기사는 버스를 멈춰 세우더니 앞으로 앉으라고 손짓했다.

왜요? 하고 물으니 "손님이 없으니 앞쪽으로 앉으세요" 했다. 두려움이 더해지고 말을 듣지 않으면 물리적인 행동이라도 할까 봐 시키는 대로 쭈뼛거리면서 앞쪽에 자리를 잡았다. 버스는 다시 출발했고 다음 정류장에서도 승객은 타지 않았다. 불안감에 버스 기사의 표정만 힐끗힐끗 살폈다. 표정이 점점 심술궂게 일그러지고 있었다. 버스 기사는 잠시 정차하겠다고 하면서 버스를 길 가장자리에 세웠다. 나는 극도의 긴장감으로 온몸이 경직되어 갔다. 도로는 가로등도 없어 캄캄했고 어둠 속에서 보이는 건 평평한 들녘의 고요함뿐이었다.

버스를 세운 기사는 문을 열더니 밖으로 나갔고 버스 뒤쪽 풀숲으로 사라졌다. 버스 비상등 딸각거리는 소리만 들릴 뿐, 나는 초조하고 불안해하며 버스에서 내리지도 못하고 기사가 나타나기를 기다렸다. 기사가 없는 틈을 이용해 도망갈까? 가도 어두운 시골길에서 방향 찾기도 힘든데 어떡하려고?

친구를 오랜만에 만나 회포를 풀다 집으로 돌아가는 막차를 가까스로 타게 됩니다. 승객은 오직 나 하나뿐. 가로등조차 없고, 오가는 차조차 뜸한 시골길은 어둡기만 하여 불안합니다. 설상가상으로 앞으로 와서 앉으라고 말하는 버스 기사의 얼굴마저 험악하게 보입니다. 불안은 극에 달하고 기사의 눈치를 살피는데, 뭔가 심상치 않은 조짐이 보이다간 급기야 버스가 길가에

자아 성찰의 발현

서고 맙니다. 혹 무슨 일(성폭행)을 저지르지나 않을까, 잔뜩 긴장하여 기사를 주시하자 그는 문을 열고 밖으로 나가더니 어두운 풀숲으로 사라지지요. 비상 깜박이등은 계속해서 딸각거리고, 그 짧은 순간 온갖 불길한 상상을 하며 도망칠까를 고민하다 보니 버스 기사가 나타납니다.

그의 얼굴은 의외로 편안해 보이는 데다 갑자기 버스를 세우게 되었음에 사과까지 합니다. 생리현상을 해결하느라 그랬으니. 버스 기사는 전해미의 내면에서 이미 치한이 되었다가, 될 뻔했다가, 평범한 이웃으로, 다정한 친구로 돌아옵니다. 반전입니다. 그것은 도망칠까 고민하던 그 짧은 순간에 내면에서 울리는 북소리(무라카미 하루키)를 심각하게 고민한 성찰의 결과입니다. 그 고민은 호랑이한테 물려가도 정신만 차리면 된다는, 침착함이겠지요.

또다시 기사님과 나만 남았지만, 이제는 무섭지 않았다. 부천까지 오는 내내 여러 대화를 나눴고, 버스에서의 상황을 봐 왔기에 얼마나 수고롭고 따뜻한 마음을 가진 분인지. 고맙고 또 고마웠다. 기사님은 내가 내리는 것을 아쉬워하면서 오늘은 심심하지 않아서 피곤한 줄도 모르겠다고 했다. 친구를 만나러 가게 되면 또 막차를 타라고 농담도 건넸다. 기분 좋은 귀갓길이었다.

배짱 두둑한 전해미조차 다른 승객 한 명도 없이 심야에 기사와 단둘이 버스를 타고 가려니 잔뜩 졸았던 모양입니다. 읽는 이로 하여금 조마조마했던 마음을 훈훈한 웃음으로 갈무리한 「심야버스」는 소설의 요소가 많이 가미된 작품입니다. 우리가 잘 아는 피천득의 「인연」은 수필보다는 소설에 가깝습니다. 아니 소설이라 단언한 학자도 있지요.

마지막 부분, '그리워하는데도 한 번 만나고는 못 만나게 되기도 하고, 일생을 못 잊으면서도 아니 만나고 살기도 한다. 아사코와 나는 세 번 만났다. 세 번째는 아니 만났어야 좋았을 것이다.'라는 구절이야말로 단편 미학의 백미라 할 수 있습니다. 문학의 영토 확장을 꿈꾸는 전해미도 염두에 두어야 할 대목입니다. 필자가 전해 들은 이야기 가운데 그대로 써도 소설이 됨직한 체험들이 상당수였음을 본인도 잘 알고 있을 터, 언젠가는 풀어내리라 기대합니다. 소설을 쓰는 필자와의 인연도 맥이 없지는 않으리라 보기 때문입니다.

「네 여인의 힐링 수다」는 전해미의 배짱을 유감없이 보여주는, 한 편의 희극을 보는 듯하지요. 한 부분입니다.

간큰녀는 지인에게 빌린 외제 차를 손수 운전하여 여행을 하기로 했다. 초보 꼬리표를 뗀 지 얼마 되지 않아 걱정이 앞서지만 그래도 무리하지 않으면 되지 싶었다. 하지만 위기는 바로 닥쳤다.

중형외제차를 운전해보기는 처음이라 시동을 어떻게 거는 것인지? 기어는 또 어떻게 넣는지 허둥거린다. 아무 버튼이나 눌러 확인을 해보지만, 좀체 알 수가 없다. 애꿎은 와이퍼만 허공에서 춤을 춘다.

　네 여인은 당황하기 시작했다. 외제 차의 사용설명서를 미리 습득하지 못한 겁 없는 간큰녀, 자동차 시동조차 켜지 못하는 사람에게 운전을 맡기고 여행 다닐 생각에 미리 걱정스러운 걱정녀, 어떤 상황이 되었든 호들갑스럽고 겁이 많은 예민녀, 예민녀는 출발도 하기 전부터 오금이 저리고 가슴이 두근대기 시작했다. 주위상황은 아랑곳없이 자신의 취향에 따라 노래를 흥얼거리는 태평녀, 그녀만이 어찌 되겠지 하고 천하태평이다.

　다른 작품과 달리 전지적 시점으로 쓴 이 작품에서 간큰녀는 물론 전해미입니다. 일반인 대부분은 운전면허를 딴 지 얼마 되질 않았거나 장롱 속에 처박아두었다면, 운전할 엄두를 감히 내지 못합니다. 더군다나 외제 차라면 잘못 운전하여 흠집이 날까 두려워 더욱 그러지요. 그러나 간 큰 여자, 초보 전해미는 다릅니다. 스스로 간큰녀로 작명까지 했으니 그 배짱을 알아줄 만하지요. 걱정녀가 누구고 예민녀가 누군지 필자는 그들의 호들갑으로 짐작합니다. 그렇다면 간큰녀의 성질머리를 다 안다는 듯이 태연하게 행동하는 태평녀는 누구일까요? 그야 뻔하지요. 문학의 스승이랄 수 있는 최숙미 작가지요. 필자는 이 「네 여인의 힐링 수다」를 읽으며 그 상황이 영화 장면처럼 그려져 웃음을 참을 수 없었습니다.

만약 전해미가 이 작품을 쓰지 않았다면 이러한 장면들은 곧 희미해졌다가 나중엔 영원히 묻히게 되겠지요. 글쓰기는 기억의 저장장치를 작동하는 일임이 분명합니다. 우리가 일기를 쓰는 이유도 여기에 있습니다. 지금 각종 미디어에선 AI가 인간의 글쓰기를 위협한다고 떠들지요. 작가가 필요 없는 세상이 될지도 모른다는 말까지 나옵니다. 그러나 아무리 AI가 뛰어나더라도 모든 자료를 제시한다 한들 직접 경험한 전해미만큼의 웃음을 줄 수 없고 간큰녀를 비롯한 네 여인의 작명을 이처럼 실감 나게 할 수는 없겠지요. 미국의 언어학자인 나오미 배런은 저서 『쓰기의 미래』에서 AI 시대에도 왜 인간이 직접 글을 써야 하는지 답합니다.

> 씀은 자신이 어떤 존재인지 표현하는 행위다. … 설득력 있고 통찰력 넘치는 수많은 작가가 존재한다. 그러나 오타가 있고 서툰 문장이라고 해도 나의 글은 내 마음과 체험에서 흘러나온다. … 인간의 글쓰기는 인간의 마음을 날카롭게 벼르고, 다른 사람과 이어주는 마법 검이다. 아무리 도우미로서 AI가 효율적이라 하더라도 그 검이 빛을 발하도록 지킴이야 글을 쓰는, 우리 몫이다.

배런은 이어서 만약에 글쓰기를 AI에 맡겨버리면 인간의 수고를 줄이는 이점을 훨씬 넘어서는 중대한 손실을 초래하리라고 경고하고는 자동차가 생겼다고 인간이 걷기를 잊어버리지는 않았으나 덜 걷게 됨은 사실이라 지적하기도 하였지요. 이 말은 끊임없이 사유하고 성찰하던 인간이 덜 사유하고 덜 성찰하게 되어 가볍게 행동하게 된다는 말과 같습니다. 한마디로 퇴화한다는 말이지요.

수필은 글쓴이의 경험과 감정, 생각을 자유롭게 표현합니다. 일정한 형식에 얽매이지 않으며 다양한 소재를 솔직하게 담아낸다는 게 수필의 일반적인 설명이지요. 전해미 수필의 묘미는 자연과 인생을 관조하여 그 형상과 존재의 의미를 밝히기도 하고, 날카로운 눈으로 새로운 양상과 지향성을 명쾌하게 제시하기도 하며, 서정과 서사에 의한 정서적 감동이나 허구적 흥미를 주기도 하면서, 다른 문학 양식(시와 소설)과의 상호 견인 작용을 적절하게 포용하여 그 영역을 확대해 가는 데 있습니다. 수필의 본질 또한 소설의 서사성(敍事性)을 침식하고 시의 서정성을 차용(借用)하기도 하면서, 인생의 향기와 삶의 성찰을 더 합니다.

부천신인문학상 당선작인 「갯벌」은 고향인 벌교를 그린 작품으로 섬세한 관찰을 통해 갯벌, 갈대, 고향, 엄마, 형제, 바람, 꼬막 같은 어휘들이 유기적으로 어울려 잔잔한 감동을 자아냅니다.

비릿하고 찐한 갯내음이 바닷바람에 실려 온몸을 휘감는다. 고향 냄새이자 엄마의 포근한 품속 냄새이다. 드넓은 뻘밭이 펼쳐지는 곳에 갯가를 따라 바닷물이 들고 난다. 뻘밭을 보호하기라도 하듯 갈대가 양옆으로 줄지어 우거져 있다. 엄마의 젖가슴 같은 보드라운 진흙의 손맛은 갈대의 정화작용 속에 살아 숨 쉬는 바다가 된다.

...

포구를 따라 바람이 살랑대며 불어온다. 갯벌에 뿌리를 박고 갈대들은 서로의 몸을 기대며 바람의 흔들림에 몸을 맡긴다. 가늘고 연약한 몸이지만 쓰러질지언정 부러지는 경우는 드물다. 갈대가 울면서 서로를 의지할 때 갯벌의 생명력은 더 위대해진다. 아기의 포동포동한 엉덩이 살 같이 몽글몽글한 뻘밭은 꼬막을 키우는 어미의 품인 것이다. 그 어미의 품에서 꼬막은 생명을 유지하고 또 다른 생명을 잉태하기도 한다. 꼬막은 펄 속의 유기물을 먹고 자란다. 유기물은 꼬막의 자양분이 되고 꼬막의 분비물은 또 다른 생명의 자양분으로 갯벌이 순환 유지되는 것이다.

...

아낙들은 한평생을 꼬막을 캐서 자식들 공부시키고 뒷바라지 한다. 아낙의 굽어진 허리는 꼬막 인생을 대변하고 찰진 진흙은 아낙들의 피부를 바닷바람으로부터 보호한다.

당시의 심사위원이 평한 요점은 오랫동안 글을 써온 듯 필력이 뛰어나고 사색의 흔적이 엿보인다며 갯벌에 사는 생물이나 주변을 관찰하고 묘사하면서 인간의 삶으로 연결하여 구성이나 문장이 돋보인다고 하였습니다. 수필은 쓰는 이의 개성과 가치관이 고스란히 반영되는 글입니다. 문학성과 사실성이 결합하여 현실에 대한 통찰을 제공하고 읽는 이에게 삶의 의미나 감정적 울림을 전해주는 역할도 하지요. 수필은 서사보다는 생각을 중심으로 구성되어 논리성을 요구하지 않으며 감정 표현 또한, 자유롭습니다. 이 작품은 전해미 수필의 정체와 특성을 암시하지요. 하지만 초기의 작품이기에 종결어미의 리듬을 고려하지 않는다거나 그것의 습관적인 사용은 절제해야 마땅하겠지요.

말 나온 김에 법정 스님의 대표적인 산문「무소유」를 볼까요. 이 작품은 인간의 고통과 번뇌는 소유에 대한 집착에서 비롯되며, 이러한 소유욕을 버리면 마음의 평정과 자유를 얻을 수 있음을 강조했습니다. 이「무소유」를 제호로 한 책도 어마어마하게 팔려나가 스님이 열반하자 헌책방에서 구하기가 힘들 정도였지요. 무소유를 실천한 유언 때문이었습니다.

수필을 별로 읽지 않은 필자도 의무감이 들어 덩달아서 읽었습니다.「무소유」가 준 메시지는 격하게 공감했습니다만, '~것이다'의 남발이 자꾸 눈에 거슬려 공감이 반감되는 일을 겪었습니다. 오죽하면 세어봤을까요. '것'을 빼고도 '~것이다'만 열세 번이었습니다. 한 편의 수필에 '~것이다'가 열세 번이라니! 스님이 전문 문인이 아님을 고려해도 이건 너무 심했습니다. 필자만 거슬린 게 아니었던지 어느 문학평론가는 페이스북에서 이렇게 실토했습니다. 물론 「무소유」를 직접 언급하지는 않았지만.

> 요즘 남의 글을 못 읽겠다. 특히 '~것이다'가 많이 들어간 글은 읽을 수가 없다. 내 소설 〈사국지〉는 6500매, 5권 분량의 소설이지만, '~것이다'가 하나도 없다. 장편소설이면서 '~것이다'가 없는 한국 최초의 소설임이 분명하다. 내 말이 이상하면 어떤 책이든지 펼쳐놓고 찾아봐라. 수많은 '~것이다'가 나온다. 틀림없다. 글을 쓰면서 '~것이다'를 의도적으로 사용하지 않으려고 해보시라. 이게 무척 어렵다.
> ― 하응백의 페이스북 글에서

본업인 평론을 제쳐두고 소설을 쓴다는 그는 분개합니다. 일제 잔재를 청산하고자 하고, 지금도 친일파라면 입에 거품을 물면서도 정작 우리는 일본 영향을 받은 일본어 투 문장으로 소설을 비롯한 언어 창작을 하고 있다고. 마찬가지로 필자도 '~것이다'에 익숙했던 글쟁이였음을 고백합니다. 초기의 소설들에서 무

자아 성찰의 발현

수히 발견할 수 있으니까요. 그러나 일본어 투라는 사실을 몰랐던 초기와 달리 지금은 알기에 최대한 자제하여 쓰는 편입니다. 그렇다고 무조건 배제하지는 않습니다. 불완전 명사 '것'과 '거시기'의 효용성은 무궁무진하지요.

「니들이 소리 맛을 으찌 알긋냐」는 어릴 적 옆집 아저씨가 전축을 크게 틀어놓고 즐기던 판소리를 지겹게 여기던 화자가, 역시 소리를 좋아하는, 병환 중에 있던 아버지와 함께 명창의 공연을 보러 갔다가 판소리의 매력을 새삼 발견하게 되지요.

열정과 혼신을 다해 피를 토하듯 쏟아내는 명창의 소리에 어찌 반하지 않을 손가. 장장 네 시간에 걸친 소리가 끝나자 어르신들도 일어서서 우레와 같은 박수를 보냈다. 외국인은 원더풀 원더풀을 외치고 휘파람을 불며 박수를 보냈다. 우리의 소리를 이해했을까. 설사 언어를 모두 알아듣지는 못했을지라도 명창의 감정이 그대로 전달이 되었음이리라. 쉬이 자리를 떠나지 못하고 오랫동안 기립 박수를 보냈다. 우리 민족의 정서로만 알고 있던 소리가 낯선 이방인에게도 감동을 줄 수 있다는 사실에 새삼 자랑스러웠다. 아버지께서도 매우 흡족해하시며 소원을 풀었다고 하셨다.

그래서일까요, 전해미는 남도 출신답게 곧잘 소리를 하기도

합니다. 소음에 불과했던 판소리가 아버지와 옆집 아저씨를 거쳐 이방인, 심지어 등산객까지 사로잡고는 결국 내 안에서 단비로 승화하여 신명의 소리로 탄생하게 되었습니다. 필자는 그 소리를 듣고 전해미의 또 다른 일면을 봤습니다.

햇살이 창가에 내린 한낮, 쑥대머리를 듣는다. 나는 이 대목이 좋다. 소리꾼의 탁한 음성으로만 들리던 소리가 몸속 깊은 곳에서 풀어내는 한의 울림이었다는 것을 뒤늦게 알게 되고 아버지와 아저씨가 판소리를 즐겨 듣는 이유란 것을. 듣고 또 들으면서 소리가 주는 깊은 울림에 젖어 든다.
이젠 두 분도 멀리 가신 지 오래다. 북장단에 맞춰 소리를 따라 불러본다. 천상에 계신 아버지와 아저씨는 어설픈 나의 소리를 듣고 어떤 표정이실까? 내 안에 체증처럼 억눌려 있던 화도 어설픈 소리로 풀어내면 묵은 감정까지 씻겨 개운하다. 꼭 잘해야만 하는 것은 아니지 않은가? 내가 부르고 즐거우면 되는 게지. 누군가 소리에 대해 묻는다면 한 대목을 멋들어지게 뽑아서 들려주고 싶다.

필자가 사십 중반의 전해미를 처음 만났을 때는 누구보다 건강미가 넘쳤습니다. 무슨 일이든 겁 없이 달려들었고 성질만큼 후다닥 해치웠지요. 그러나 오십 후반이 된 지금 건강에 이상이 왔습니다. 말이 어눌해지고 손발이 부자연스러웠습니다. 아직 한

창때라 여기는데 믿기 힘든 청천벽력이었습니다.「거북이가 되었다」는 전해미 인생의 또 다른 전환점이 된 심사를 고스란히 내보이고 있습니다.

> 느림의 삶을 강제로 부여받았다. 몸의 이상 신호로 일상을 멈춰야 했다. 병 치료에 집중하기 위한 불가피한 선택이지만, 내 주변의 모든 게 일순간 정지되었다, 천천히 움직여야 하고 뇌에 충격이 가면 안 된단다. 넘어질 수도 있어 지팡이도 짚어야 한다. 거북이가 되었다. 성격도 급하고 행동도 빨라 서둘러 일해 오던 나는, 거북이처럼 느리게 살아야 남은 생을 영위할 수 있다니 답답하기 그지없다. 일시적인 우울감도 스며들고, 눈물도 났다. 수긍해야 한다고 되새기면서도 몸에 밴 습관은 좀체 고쳐지지 않았고, 느리게 사는 삶에 적응도 쉽지 않았다. '천천히'를 외치며 거북이가 되려 하지만, 몸에 배지 않아 위험한 순간을 맞이하기도 한다.

과연 절망하고만 있었을까요? 수필을 정복하기 전에 벌써 시와 소설을 넘보듯 병을 받아들이고 극복할 방법을 모색합니다. 거북이처럼 살아가기 위해서는 연습이 필요했습니다. 주변을 정리하고 모든 일에서 손을 놓았지요. 스트레스받지 않은 규칙적인 생활과 섭생에도 신경을 씁니다. 직장을 그만두고 간병을 자처한 딸은 '엄마 천천히'를 귀에 딱지가 앉도록 외칩니다. 불뚝 성질에 넘어지기도 다반사, 거북이처럼 느리게 움직임은 습관이 되었습니다.

여기서 주저앉으면 영영 걸을 수 없을지도 모른다는 생각이 들었다. 걷지 않으니 걸음이 무거워졌다. 한 걸음을 뗄 때마다 다리에 모래주머니를 달고 다니는 기분이었다. 걷다 누군가와 부딪치지 않도록 인적이 드문 시간에 지팡이와 벽을 의지해 혼자 걷는 연습을 시작했다. 처음엔 50m를 가는 데 15분이나 걸렸다. 지속적인 걷기 연습에 다리에 힘도 들어갔다. 몸도 점점 가벼워졌다. 이제는 누구의 도움 없이 지팡이만 있으면 움직여졌다. 새끼 거북이가 바다에 이르듯 내 몸도 조금씩 회복되어갔다. 희망이 보였다.

아무리 느릴지라도 새끼 거북이는 바다에 닿기만 하면 삽니다. 이제 완전하진 않으나 전해미는 예전의 모습을 되찾아 갑니다. 이 투병의 시간은 그동안 살아온 인생을 반추하고, 저 가슴 밑바닥으로부터 들려오는 북소리를 듣는 성찰의 시간이었을지도 모릅니다. 필자는 앞에서 이 글의 제목을 자아 성찰의 발현이라 규정했습니다. 모든 글쓰기의 규범일지는 모르나 필자는 곳곳에서 이러한 성찰의 모습을 봤습니다.

찔레 향에 벌이 오래 머물 듯, 덕이 있고 향기가 나는 사람에게는 사람이 모이고, 쥐똥나무의 향처럼 구린 사람은, 있는 벗도 떠난다는 엄마의 말씀이 가슴에 안긴다. 꽃과 벌에게 배우는 하루다.

— 「찔레꽃 향기는 엄마다」 부분

나라가 지켜주지 못해 겪는 고초이다. 어찌 저들의 잘못이라 탓할 수 있으랴. 지켜주지 못한 우리의 잘못이 아닌가. 그들의 삶이 절망의 무채색이었을지라도 삶이란 빛과 어둠이 교차 되는 법이다. 숙명과도 같은 역사의 뒤안길을 걸어 나오는데, 궁녀들의 비통함이 가슴에 전해져 오는 듯하다. 한 서린 그녀들의 넋은 사각거리는 갈대 소리로 되살아날까. 슬픈 밤새소리로 남았을까. 역사의 부침 속에서 이방인의 유린에 속수무책일 수밖에 없었던 여린 꽃들의 한계점에 연민이 깊어만 간다.

— 「꽃들의 비애」 부분

뜻밖에 만난 만경 들판의 까마귀 떼에 기분 전환이 되었다. 마르지 못한 볏짚을 태우는 메케한 연기 같은 시련이 닥칠지라도 거뜬히 이겨낼 수 있을 것 같다. 오늘만은 까마귀 떼와 제멋에 겨운 자유의 바람 같은 방랑자로 남고 싶다.

— 「까마귀와 방랑자」 부분

알아주지 않아도, 무수한 발걸음에 뭉개져도, 꿋꿋이 제 소임을 다하며 봄을 빛낼 줄 아는 별꽃처럼. 우리네 인생도 저들과 마찬가지지. 하는 일이 뜻대로 안 된다고, 넘어졌다고 주저앉으면 밑바닥 인생이 되리니, 짓밟혀도 다시 일어나 새로운 꽃을 피워내듯 마음을 다잡고 재도전을 한다면 이루지 못할 것은 없으리라.

— 「별꽃」 부분

    우리는 나무 그늘의 시원함은 알면서 나무의 고마움은 잘 알지 못한다. 그저 그 자리에 있으니, 말 못 하는 식물이려니, 아무렇지 않게 베고, 꺾고, 부러뜨린다. 그래도 나무는 타박하지 않고 우리에게 모든 것을 내어준다.
    여기에 새로 정착한 저 소나무도 한 그루의 늠름한 소나무의 위용을 보여 주면 좋겠다. 뿌리를 내려서 우뚝 서 주기만 해도 고마운 존재이리라.

— 「홀로 서는 나무」 부분

    산에 오길 잘한 듯싶다. 나무와 새가 내 벗이 되었다. 그들은 나를 무서운 사냥꾼 정도로 여기겠지만 그들과 함께 공존하며 살아가고 싶다. 이런 내 마음을 산새들이 알아주지 않아도 내 친구로 여기며 자주 안부를 물을 테다. 마음의 부자가 된 듯하다.

— 「원미산에 산다」 부분

병원 갈 때는 같이 갔는데 집으로 돌아올 때는 따로따로 오는 상황이 블랙코미디 같았다. 우리 부부는 여태 살아오는 동안에 블랙코미디 같은 상황이 자주 있어 이제는 그러려니 하고 살아간다. 굳이 남편의 성격도 고쳐주길 바라지 않고 인정해 주고 만다. 비껴가는 삶을 사는 게 더 편안하다는 걸 깨달았기 때문이다. 남들이 보면 이해되지 않는 삶의 방식이다. 우리 부부에게는 익숙해서 불편하지 않다는 게 더 아이러니하지만, 세월이 가니 포기해 지는 것도 있고 이해되는 것도 있어 우리 방식으로 맞춰가며 살고 있다.

─「블랙코미디」부분

작년에는 소설가 한강이 우리 한국 문학계의 큰 숙제였던 노벨문학상을 수상하여 모든 문학인의 어깨를 가볍게 해주었습니다. 죽은 자가 산 자를 살린다는 그네가 준 울림은 컸습니다. 문학의 힘은 셉니다. 우리 대통령까지 올해 유엔 총회 기조연설에서 장편소설 『소년이 온다』의 에필로그 구절을 인용했을 정도였습니다. 이제 당신이 나를 이끌고 가기를 바랍니다. 당신이 나를 밝은 쪽으로, 빛이 비치는 쪽으로, 꽃이 핀 쪽으로 끌고 가기를 바랍니다. 당신은 죽은 동호를 말합니다. 여기에서 당신은 여러 의미로 변주할 수 있습니다. 한강은 글쓰기를 통해 인간의 존엄에 대해 생각했다고 실토했습니다.

전해미에게도 권하고 싶습니다. 글쓰기가 전해미를 밝은 쪽으로, 빛이 비치는 쪽으로, 꽃이 핀 쪽으로 끌고 가기를 바랍니다. 글에서, 하나하나 선택한 언어에서, 그리고 문장에서 지독한 땀 냄새가 나야만 독자는 만족할 테니 말입니다.

블랙코미디

전해미 지음

발행처	도서출판 청어
발행인	이영철
영업	이동호
홍보	천성래
기획	육재섭
편집	이설빈
디자인	이수빈 | 구유림
인쇄	정우인쇄

등록　1999년 5월 3일
　　　(제321-3210000251001999000063호)

1판 1쇄 발행　2025년 12월 10일

주소　　　서울특별시 서초구 남부순환로 364길 8-15 동일빌딩 2층
대표전화　02-586-0477
팩시밀리　0303-0942-0478
홈페이지　www.chungeobook.com
E-mail　　ppi20@hanmail.net

ISBN　　979-11-6855-413-9(03810)

이 책의 저작권은 저자와 도서출판 청어에 있습니다.
무단 전재 및 복제를 금합니다.

부천시문화예술발전기금 지원을 받아 수필집을 발간합니다.